GLUTEN
FREE
CHIFFON
CAKE

米粉だからおいしい!

シフォンケーキの本

高橋ヒロ

米粉だからおいしい！
その理由は

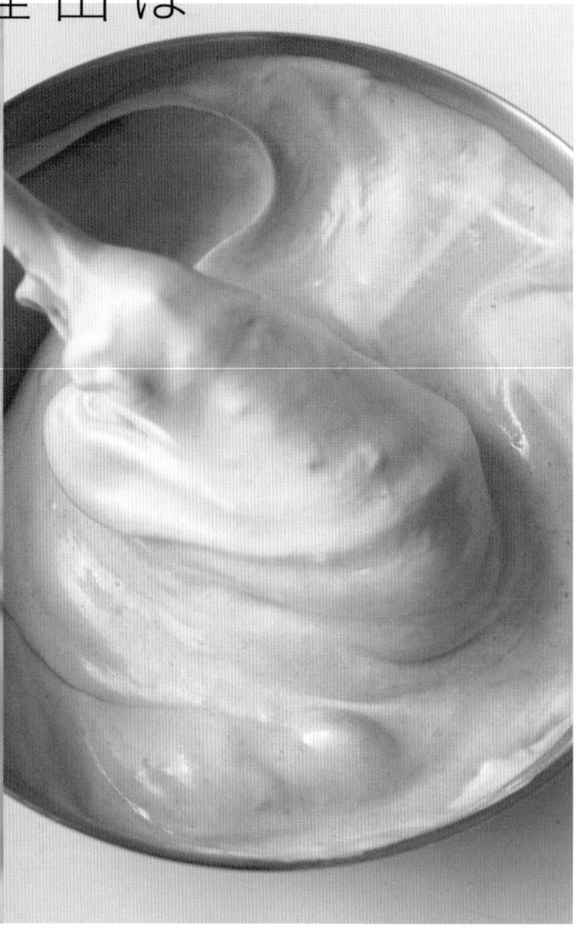

食べ飽きないおいしさ

卵は全卵使いきり。気軽に作れてほっとできるシフォンケーキ。そんなレシピを実現してくれるのが、「米粉」です。日本人の主食・米が原料だから毎日食べても飽きません。クセのない味わいで、合わせる素材の風味を生かすことができる、米粉ならではのシフォンケーキを楽しんでください。

ふるう手間なし

米を細かく粉砕して作られるのが米粉です。米粉は小麦粉に比べて粒子が細かく、油分が少ないので、ふるわずに加えてもダマになりにくいという性質があります。初心者でも扱いやすく、口当たりよく作れるのはそのため。またグルテンが発生しないので、ぐるぐる混ぜても粘りが出にくいのも特徴です。

しっとり、もっちり

米粉は水分を吸収する力が小麦粉よりも強いので、しっとり、もっちりとしたお菓子が作れます。そのため米粉で作ったシフォンケーキはふわふわでパサつきが少なく、とても食べやすい。まずはできたてをそのまま食べて、そのしっとり食感を体感してください。

体にやさしい

米粉は小麦アレルギーやグルテン過敏症の人でも安心して食べられるグルテンフリー食品です。また米粉のたんぱく質は体内で合成できない必須アミノ酸をバランスよく含みます。ほとんどが国産で、ポストハーベストなどの心配がないのも米粉ならでは。子どものおやつとしても安心です。

CONTENTS

PART 4

あっさり、さっぱり

オイルを使わない シフォンケーキ

COLUMN

PART 5

楽しさ広がる

いろいろな形の シフォンケーキ

[マフィンカップで作る]

[フライパンで作る]

[天板で作る]

[パウンドケーキ型で作る]

本書のきまり

- 小さじ1は5mℓ、大さじ1は15mℓ、ひとつまみは親指と人差し指、中指の3本でつまんだ量です。
- オーブンは電気オーブンを使用しています。ガスオーブンを使用する場合は、レシピの温度を20℃ほど下げてください。
- 焼き時間は、熱源や機種などによって差があるため、レシピの時間を目安に様子を見ながら加減してください。
- 電子レンジは600Wのものを基準にしています。500Wの場合は1.2倍の加熱時間を目安にしてください。

材料について

米粉

この本のレシピはすべて、米粉は共立食品の「米の粉」を使用しています。新潟県産の米が原料で、超微粒子に製粉しているため、キメが細かく、口溶けのよい生地になります。スーパーなどでも手に入れやすい米粉です。

卵

卵はMサイズ（正味50g）のものを基準としています。しっかり冷やしておくことで、キメの細かいメレンゲを作ることができます。

きび砂糖

砂糖はきび砂糖を使っています。中でもやさしい甘みが特徴の「素《す》焚糖《だきとう》」を使いました。同量のグラニュー糖や上白糖に置き換えても作れます。

米油

油は基本的には味や香りにクセのない米油を使っています。同量の菜種油や太白ごま油などに置き換えることができます。

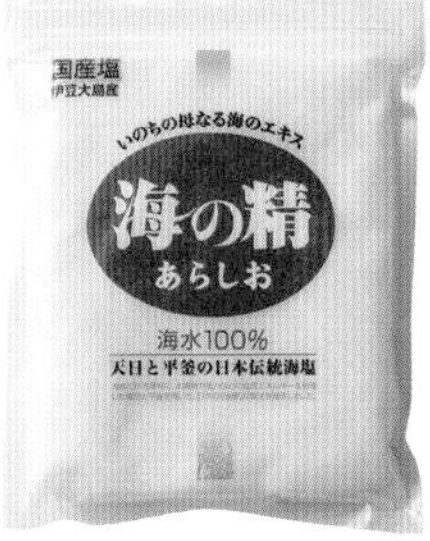

塩

卵白を泡立てやすくし、甘みを引き立たせるために少量の塩を加えます。塩はミネラルを含み、塩けがまろやかな「海の精」を使っています。塩けのしっかりした精製塩はあまりおすすめしていません。

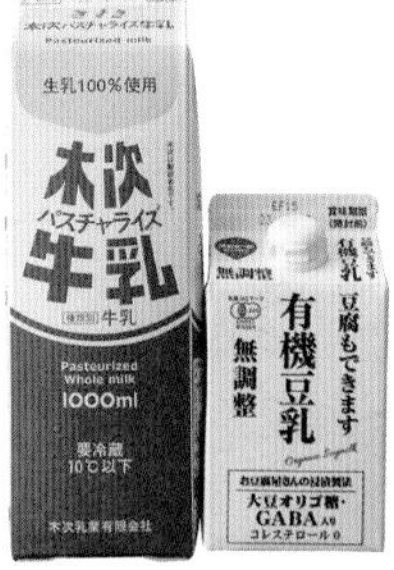

牛乳・豆乳

牛乳と豆乳は同量で置き換え可能なので、好みのものを使ってください。豆乳は成分無調整のさらりとしたものがおすすめです。

道具について

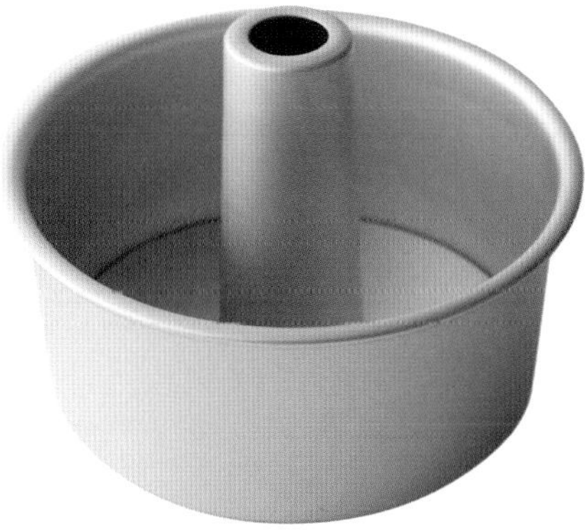

シフォンケーキ型

一般的に17cm型と呼ばれる、直径約17（底径約16）cm×高さ約8cm、円筒部高さ約11cmのアルミ製のシフォンケーキ型を使っています。手入れがしやすく、仕上がりもきれいな継ぎ目がないものがおすすめです。

ボウル

生地作りには、直径20cmほどのものが2個必要です。ステンレスでもガラス製でもOKです。牛乳を温めるなど、電子レンジを使用するときに使うボウルは、必ず耐熱ガラス製のボウルを使ってください。

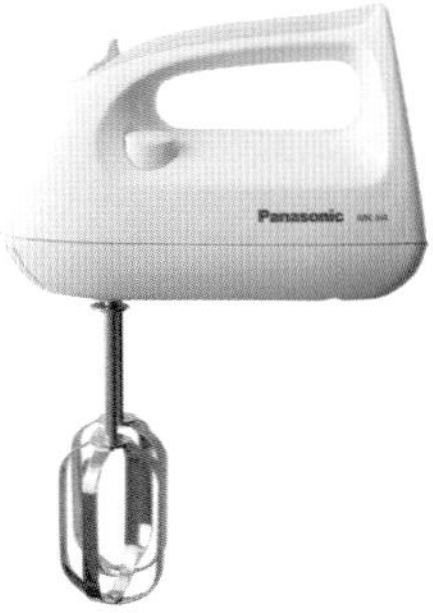

ハンドミキサー

卵白をしっかり泡立てるときはハンドミキサーを使いましょう。低速、高速の切り替えができるとよいでしょう。

泡立て器

卵黄を溶きほぐしたり、卵黄生地を最初にメレンゲと混ぜ合わせるときに使います。

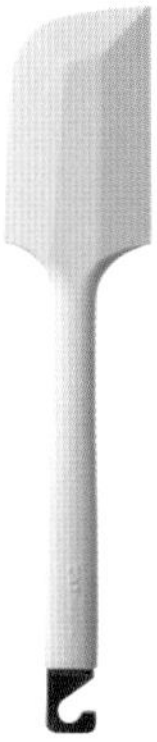

ゴムべら

生地の泡を消さないように混ぜ合わせたり、型に流し入れたりするときに使います。

はかり

正確にはかれるデジタルスケールがおすすめです。

パレットナイフ

型からケーキを取り出すときに使います。

PART
1

毎日食べたい

基本の軽やか シフォンケーキ

身近な材料で作る、一番シンプルなシフォンケーキのレシピです。卵のコクとやさしい甘みのふんわり生地に、香りや食感のアクセントをつければ、バリエーションもいろいろ。毎日食べても食べ飽きることのない自慢のレシピばかりです。

BASE_1 PLAIN CHIFFON CAKE

プレーンシフォン

素材も作り方もごくごくシンプル。
まずは米粉ならではのしっとり感を楽しんでください。
クリームや季節のフルーツを合わせれば、楽しみ方も広がります。

BASE_1　PLAIN CHIFFON CAKE

プレーンシフォン

[材 料] 直径17cmのシフォンケーキ型・1台分

卵 … 4個
きび砂糖 … 60g
米油 … 30g
水 … 40g
米粉（製菓用）… 90g
塩 … ひとつまみ

[下準備]

・卵は卵黄と卵白に分けて、卵白を冷蔵室で冷やす。
・オーブンは180℃に予熱する。

[作り方]

1　卵黄生地を作る

ボウルに卵黄を入れて泡立て器で溶きほぐし、砂糖の半量を加えて混ぜる。

高速に切り替えてしっかり泡立てる。残りの砂糖を加え、しっかりとツノが立つまで泡立てる。

残りのメレンゲを加え、ゴムべらで底から返すようにしながら、泡をつぶさないように混ぜる。

油、水の順に加え、そのつど混ぜる。

米粉を加え、粉っぽさがなくなるまで混ぜる。

2 メレンゲを作る

別のボウルに卵白、塩を入れ、ハンドミキサー(低速)で軽く泡立てる。残りの砂糖の半量を加える。

低速に切り替えて10秒混ぜ、キメを整える。

3 合わせる

メレンゲの1/3量を卵黄生地に加える。

泡立て器でむらなく混ぜる。

4 焼く

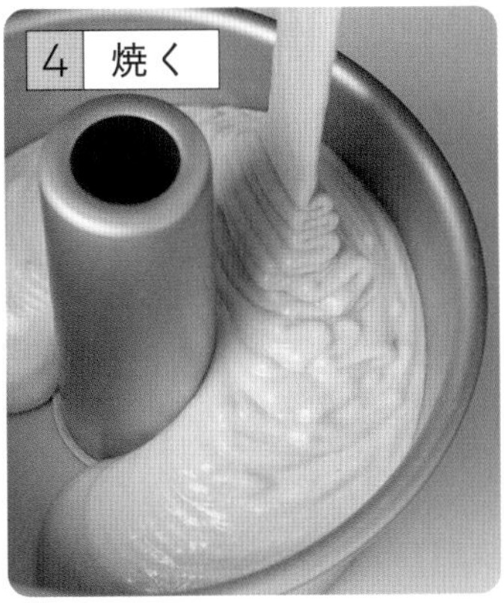

生地を型の1か所に流し入れる。

10cmほどの高さから落として大きな気泡を抜き、竹串で5周ほど混ぜる。

予熱したオーブンで30分焼く。焼き上がったら型ごと逆さにして網にのせ、完全に冷まし、型からはずす(はずし方はP77参照)。

紅茶シフォン⇒P16

麦茶シフォン⇒P17

ジャスミンティー
シフォン⇒P17

レモンポピーシード
シフォン⇒P18

ココアシフォン

⇒P19

#01 TEA CHIFFON CAKE

紅茶シフォン

紅茶液と紅茶の葉をダブルで使って、風味と香りをプラス。ホイップクリームを添えるのもおすすめ。

[材料] 直径17cmのシフォンケーキ型・1台分

卵…4個
きび砂糖…60g
米油…30g
〈紅茶液〉
- 紅茶の葉（ティーバッグ）…1袋（2g）
- 熱湯…45g

米粉（製菓用）…90g
紅茶の葉（ティーバッグ）…1袋（2g）
塩…ひとつまみ

[下準備]

- 卵は卵黄と卵白に分けて、卵白を冷蔵室で冷やす。
- 紅茶液を作る。耐熱ボウルにティーバッグから出した茶葉と熱湯を入れ、粗熱が取れるまでおいてこす（a・正味40g）。
- オーブンは180℃に予熱する。

生地にしっかりと紅茶の香りや風味をつけるため、紅茶液は濃いめにいれる。

[作り方]

1 ボウルに卵黄を入れて泡立て器で溶きほぐし、砂糖の半量、油、紅茶液の順に加え、そのつど混ぜる。米粉、紅茶の葉を加え、粉っぽさがなくなるまで混ぜる。

2 別のボウルに卵白、塩を入れ、ハンドミキサー（低速）で軽く泡立てる。残りの砂糖の半量を加え、高速に切り替えてしっかり泡立てる。残りの砂糖を加え、しっかりとツノが立つまで泡立てる。低速に切り替えて10秒混ぜ、キメを整える。

3 2の1/3量を1に加え、泡立て器でむらなく混ぜる。残りの2を加え、ゴムべらで底から返すようにしながら、泡をつぶさないように混ぜる。

4 3を型の1か所に流し入れる。10cmほどの高さから落として大きな気泡を抜き、竹串で5周ほど混ぜる。予熱したオーブンで30分焼く。焼き上がったら型ごと逆さにして網にのせ、完全に冷まし、型からはずす（はずし方はP77参照）。

#02　BARLEY TEA CHIFFON CAKE

麦茶シフォン

焙煎大麦の香ばしさが
やさしく広がります。
麦茶は濃いめに煮出すのがコツ。

[材 料] 直径17cmのシフォンケーキ型・1台分

卵…4個
きび砂糖…60g
米油…30g
〈麦茶〉
麦茶パック…1袋
水…適量
米粉(製菓用)…90g
塩…ひとつまみ

[下準備]

- 卵は卵黄と卵白に分けて、卵白を冷蔵室で冷やす。
- 麦茶を作る。鍋に麦茶パックを入れ、袋の表示の半量の水を加えて濃いめに煮出して火を止め、粗熱が取れるまでおく。40gを取り分ける。
- オーブンは180℃に予熱する。

[作り方]

紅茶シフォン(P16)の作り方を参照し、紅茶液を麦茶に替えて作る。

#03　JASMINE TEA CHIFFON CAKE

ジャスミンティーシフォン

魅惑的なオリエンタルフレーバー。
上品な香りに癒やされます。

[材 料] 直径17cmのシフォンケーキ型・1台分

卵…4個
きび砂糖…60g
米油…30g
〈ジャスミンティー液〉
ジャスミンティーの葉…2g
熱湯…45g
米粉(製菓用)…90g
ジャスミンティーの葉…2g
塩…ひとつまみ

生地に加える茶葉が大きいときは、すり鉢ですりつぶして細かくしてから加え、全体にまんべんなく行きわたらせる。

[下準備]

- 卵は卵黄と卵白に分けて、卵白を冷蔵室で冷やす。
- ジャスミンティーの葉はすり鉢で細かくすりつぶす(a)。
- ジャスミンティー液を作る。耐熱ボウルにジャスミンティーの葉と熱湯を入れ、粗熱が取れるまでおいてこす(正味40g)。
- オーブンは180℃に予熱する。

[作り方]

紅茶シフォン(P16)の作り方を参照し、紅茶液をジャスミンティー液に替え、紅茶の葉をすりつぶしたジャスミンティーの葉に替えて作る。

#04　LEMON & POPPY SEED CHIFFON CAKE

レモンポピーシード シフォン

レモン生地に、ホイップクリームがよく合います。ポピーシードのつぶつぶがアクセント。

[材 料] 直径17cmのシフォンケーキ型・1台分

卵…4個
きび砂糖…60g
米油…30g
レモン汁…40g
米粉（製菓用）…90g
ブルーポピーシード…小さじ1
塩…ひとつまみ

[下準備]

・卵は卵黄と卵白に分けて、卵白を冷蔵室で冷やす。
・オーブンは180℃に予熱する。

ポピーシードはナッツのような香りを持つけしの種子。白色系と青色系があるが、ここでは青色系を使用。米粉と一緒に生地に加えて混ぜる。

[作り方]

1 ボウルに卵黄を入れて泡立て器で溶きほぐし、砂糖の半量、油、レモン汁の順に加え、そのつど混ぜる。米粉、ポピーシードを加え（a）、粉っぽさがなくなるまで混ぜる。

2 別のボウルに卵白、塩を入れ、ハンドミキサー（低速）で軽く泡立てる。残りの砂糖の半量を加え、高速に切り替えてしっかり泡立てる。残りの砂糖を加え、しっかりとツノが立つまで泡立てる。低速に切り替えて10秒混ぜ、キメを整える。

3 2の1/3量を1に加え、泡立て器でむらなく混ぜる。残りの2を加え、ゴムべらで底から返すようにしながら、泡をつぶさないように混ぜる。

4 3を型の1か所に流し入れる。10cmほどの高さから落として大きな気泡を抜き、竹串で5周ほど混ぜる。予熱したオーブンで30分焼く。焼き上がったら型ごと逆さにして網にのせ、完全に冷まし、型からはずす（はずし方はP77参照）。

＊P14の写真は、ホイップクリームを添えています。

#05　COCOA CHIFFON CAKE

ココアシフォン

こっくりほろ苦の人気フレーバー。
ココアはダマにならないよう、
ふるいながら加えます。

[材 料]　直径17cmのシフォンケーキ型・1台分

卵…4個
きび砂糖…60g
米油…30g
水…40g
米粉（製菓用）…75g
ココアパウダー…15g
塩…ひとつまみ

[下準備]

・卵は卵黄と卵白に分けて、卵白を冷蔵室で冷やす。
・オーブンは180℃に予熱する。

ココアバウダーは油脂を多く含むためかたまりになりやすいので、茶こしなどを使ってふるいながら加える。

[作り方]

[1] ボウルに卵黄を入れて泡立て器で溶きほぐし、砂糖の半量、油、水の順に加え、そのつど混ぜる。米粉を加え、ココアパウダーをふるい入れ（a）、粉っぽさがなくなるまで混ぜる。

[2] 別のボウルに卵白、塩を入れ、ハンドミキサー（低速）で軽く泡立てる。残りの砂糖の半量を加え、高速に切り替えてしっかり泡立てる。残りの砂糖を加え、しっかりとツノが立つまで泡立てる。低速に切り替えて10秒混ぜ、キメを整える。

[3] [2]の1/3量を[1]に加え、泡立て器でむらなく混ぜる。残りの[2]を加え、ゴムべらで底から返すようにしながら、泡をつぶさないように混ぜる。

[4] [3]を型の1か所に流し入れる。10cmほどの高さから落として大きな気泡を抜き、竹串で5周ほど混ぜる。予熱したオーブンで30分焼く。焼き上がったら型ごと逆さにして網にのせ、完全に冷まし、型からはずす（はずし方はP77参照）。

抹茶甘納豆シフォン⇒P24

マンゴーココナッツ
シフォン⇒P25

グレープフルーツ
シフォン⇒P25

にんじんシフォン⇒P26

ほうれん草シフォン⇒P26

白ごまみそ
シフォン⇒P27

オリーブオイル
ペッパーシフォン⇒P27

#06 MATCHA & AMANATTO CHIFFON CAKE

抹茶甘納豆シフォン

抹茶生地に甘納豆を加えた
和テイストシフォン。甘納豆が大きければ、
刻んでから加えます。

[材料] 直径17cmのシフォンケーキ型・1台分

卵…4個
きび砂糖…60g
米油…30g
水…40g
米粉（製菓用）…90g
抹茶パウダー…5g
甘納豆（小粒のもの）…50g
塩…ひとつまみ

[下準備]

・卵は卵黄と卵白に分けて、卵白を冷蔵室で冷やす。
・オーブンは180℃に予熱する。

[作り方]

[1] ボウルに卵黄を入れて泡立て器で溶きほぐし、砂糖の半量、油、水の順に加え、そのつど混ぜる。米粉を加え、抹茶パウダーをふるい入れて、粉っぽさがなくなるまで混ぜる。

[2] 別のボウルに卵白、塩を入れ、ハンドミキサー（低速）で軽く泡立てる。残りの砂糖の半量を加え、高速に切り替えてしっかり泡立てる。残りの砂糖を加え、しっかりとツノが立つまで泡立てる。低速に切り替えて10秒混ぜ、キメを整える。

[3] [2]の1/3量を[1]に加え、泡立て器でむらなく混ぜる。残りの[2]を加え、ゴムべらで底から返すようにしながら、泡をつぶさないように混ぜる。甘納豆を3回に分けて加え、そのつどさっくりと混ぜる。

[4] [3]を型の1か所に流し入れる。10cmほどの高さから落として大きな気泡を抜き、竹串で5周ほど混ぜる。予熱したオーブンで30分焼く。焼き上がったら型ごと逆さにして網にのせ、完全に冷まし、型からはずす（はずし方はP77参照）。

#07 MANGO & COCONUT CHIFFON CAKE

マンゴーココナッツシフォン

ふわふわ生地の中にトロピカルな
香りを閉じ込めました。
しっとりした具材は、
生地に最後に加えます。

[材 料] 直径17cmのシフォンケーキ型・1台分

卵…4個
きび砂糖…60g
ココナッツオイル*…30g
ドライマンゴー…40g
熱湯…80g
米粉(製菓用)…90g
塩…ひとつまみ

*ココナッツオイルがかたまっていたら、湯せんにかけて液体にする。

[下 準 備]

- 卵は卵黄と卵白に分けて、卵白を冷蔵室で冷やす。
- マンゴーは細かく刻んで耐熱ボウルに入れ、熱湯を加えて粗熱を取る(a)。果肉ともどし汁(正味40g)に分ける。
- オーブンは180℃に予熱する。

マンゴーは熱湯でやわらかくもどし、甘みの溶け出たもどし汁も生地の水分として使って風味豊かに。

[作り方]

抹茶甘納豆シフォン(P24)の作り方を参照し、米油をココナッツオイルに、水をマンゴーのもどし汁に替え、甘納豆をマンゴーの果肉に替えて作る。

#08 GRAPEFRUIT CHIFFON CAKE

グレープフルーツシフォン

さわやかなグレープフルーツの
果肉をそのまま混ぜ込んだ、
ジューシーなシフォン。

[材 料] 直径17cmのシフォンケーキ型・1台分

卵…4個
きび砂糖…60g
米油…30g
グレープフルーツ
　…1個(果肉正味50g+果汁40g)
米粉(製菓用)…90g
塩…ひとつまみ

[下 準 備]

- 卵は卵黄と卵白に分けて、卵白を冷蔵室で冷やす。
- グレープフルーツは皮と薄皮をむき、ざるを重ねたボウルの上でほぐし、果肉(50g)と果汁(40g)を取り分ける(a)。
- オーブンは180℃に予熱する。

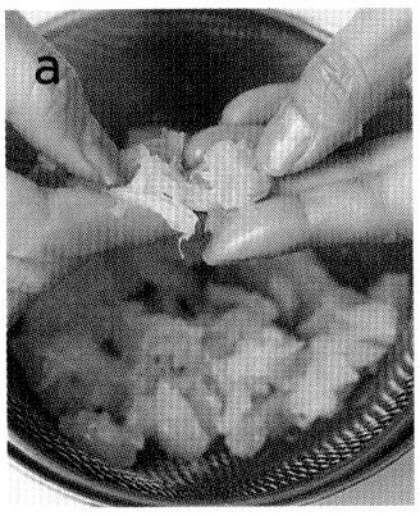

グレープフルーツの果肉は細かくほぐし、生地の仕上げに数回に分けて加えることで、沈みにくくなる。果汁はボウルにたまったものを40g取り分ける。

[作り方]

抹茶甘納豆シフォン(P24)の作り方を参照し、水をグレープフルーツ果汁に替え、甘納豆をグレープフルーツの果肉に替えて作る。

#09 CARROT CHIFFON CAKE

にんじんシフォン

すりおろしたにんじんを
水分代わりにプラス。朝ごはんにも
ぴったりのヘルシースイーツ。

［ 材 料 ］ 直径17cmのシフォンケーキ型・1台分

卵…4個
きび砂糖…60g
米油…30g
にんじん…1/2本（正味50g）
米粉（製菓用）…90g
塩…ひとつまみ

［ 下 準 備 ］

・卵は卵黄と卵白に分けて、卵白を冷蔵室で冷やす。
・にんじんはすりおろす。
・オーブンは180℃に予熱する。

すりおろしたにんじんを水分として使うので、にんじんの汁けはしぼらずにそのまま加えて。

［ 作 り 方 ］

1 ボウルに卵黄を入れて泡立て器で溶きほぐし、砂糖の半量、油、にんじんの順に加え（a）、そのつど混ぜる。米粉を加え、粉っぽさがなくなるまで混ぜる。

2 別のボウルに卵白、塩を入れ、ハンドミキサー（低速）で軽く泡立てる。残りの砂糖の半量を加え、高速に切り替えてしっかり泡立てる。残りの砂糖を加え、しっかりとツノが立つまで泡立てる。低速に切り替えて10秒混ぜ、キメを整える。

3 2の1/3量を1に加え、泡立て器でむらなく混ぜる。残りの2を加え、ゴムべらで底から返すようにしながら、泡をつぶさないように混ぜる。

4 3を型の1か所に流し入れる。10cmほどの高さから落として大きな気泡を抜き、竹串で5周ほど混ぜる。予熱したオーブンで30分焼く。焼き上がったら型ごと逆さにして網にのせ、完全に冷まし、型からはずす（はずし方はP77参照）。

#10 SPINACH CHIFFON CAKE

ほうれん草シフォン

野菜嫌いの子どもにもおすすめ！
冷凍ほうれん草を
解凍して使ってもOK。

［ 材 料 ］ 直径17cmのシフォンケーキ型・1台分

卵…4個
きび砂糖…60g
米油…30g
ほうれん草…50g
水…15g
米粉（製菓用）…90g
塩…ひとつまみ

［ 下 準 備 ］

・卵は卵黄と卵白に分けて、卵白を冷蔵室で冷やす。
・ほうれん草はゆでて水にとり、軽く水けをしぼってみじん切りにする。
・オーブンは180℃に予熱する。

［ 作 り 方 ］

にんじんシフォン（上記）の作り方を参照し、にんじんをみじん切りにしたほうれん草と水に替えて作る。

#11 WHITE SESAME & MISO CHIFFON CAKE

白ごまみそシフォン

シフォンとみその意外な
組み合わせも実は好相性。
軽い塩味があとを引くおいしさ。

［ 材料 ］ 直径17cmのシフォンケーキ型・1台分

卵…4個
きび砂糖…60g
米油…30g
A みそ…15g
└ 水…40g
米粉（製菓用）…90g
白いりごま…大さじ1
塩…ひとつまみ

［ 下準備 ］

・卵は卵黄と卵白に分けて、卵白を冷蔵室で冷やす。
・Aは合わせておく（a）。
・オーブンは180℃に予熱する。

みそは生地になじみやすいよう、水を加えて溶きのばしておく。

［ 作り方 ］

にんじんシフォン（P26）の作り方を参照し、にんじんをAに替え、白いりごまを米粉と一緒に加えて作る。

#12 OLIVE OIL & PEPPER CHIFFON CAKE

オリーブオイルペッパーシフォン

ピリッときかせたこしょうが香る
ワインに合わせたい大人味シフォン。

［ 材料 ］ 直径17cmのシフォンケーキ型・1台分

卵…4個
きび砂糖…60g
オリーブオイル…30g
水…40g
米粉（製菓用）…90g
粗びき黒こしょう…小さじ2
塩…ひとつまみ

［ 下準備 ］

・卵は卵黄と卵白に分けて、卵白を冷蔵室で冷やす。
・オーブンは180℃に予熱する。

［ 作り方 ］

にんじんシフォン（P26）の作り方を参照し、米油をオリーブオイルに替え、にんじんを水に替え、粗びき黒こしょうを米粉と一緒に加えて作る。

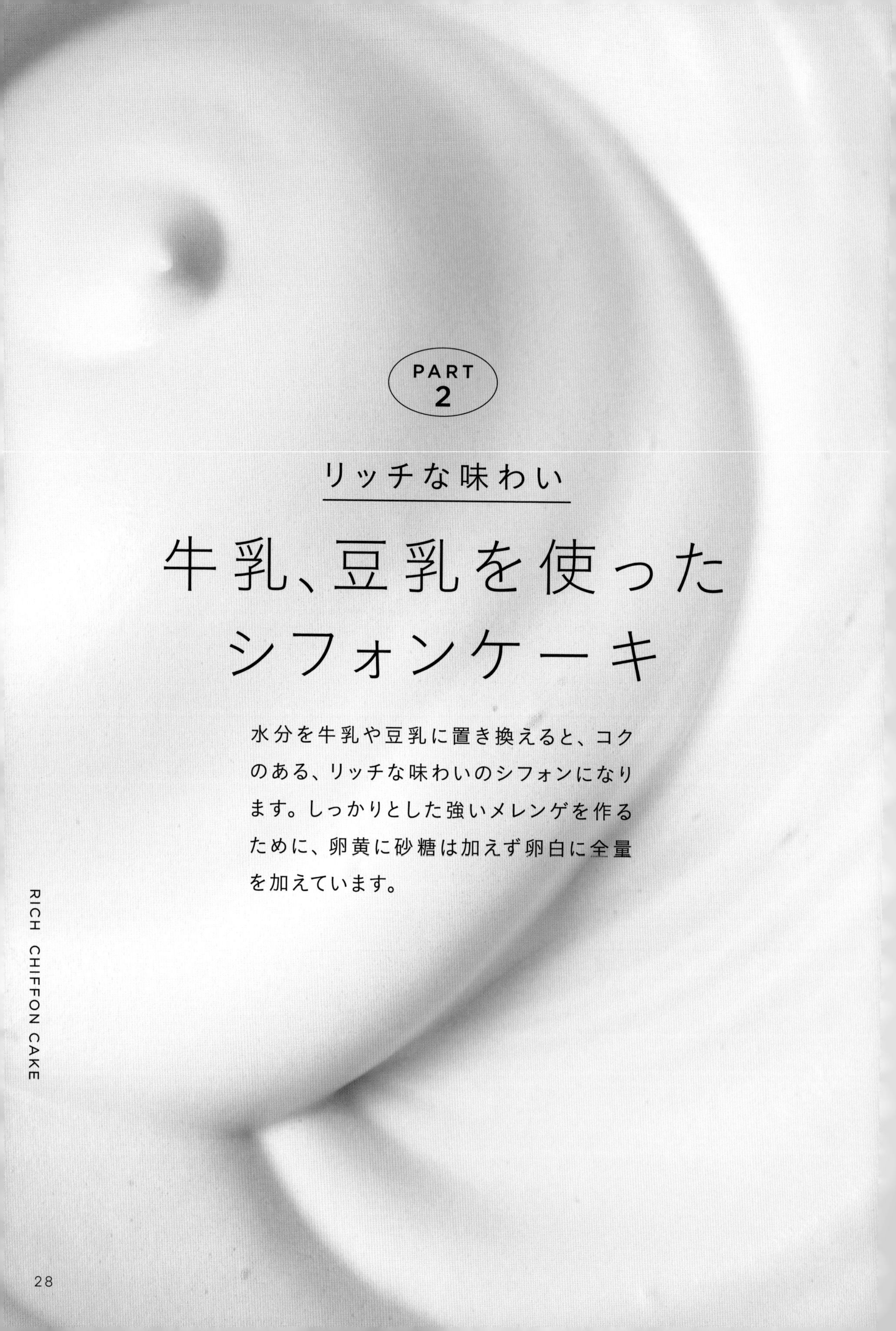

PART 2

リッチな味わい

牛乳、豆乳を使ったシフォンケーキ

水分を牛乳や豆乳に置き換えると、コクのある、リッチな味わいのシフォンになります。しっかりとした強いメレンゲを作るために、卵黄に砂糖は加えず卵白に全量を加えています。

BASE_2 CHAI CHIFFON CAKE

チャイスパイス シフォン

ミルクティーにスパイスの香りをプラスして
オリエンタルな雰囲気のシフォンに。

BASE_2　CHAI CHIFFON CAKE

チャイスパイスシフォン

［材料］直径17cmのシフォンケーキ型・1台分

卵…4個
米油…30g
〈チャイ液〉
　牛乳…80g
　紅茶の葉（ティーバッグ）…1袋（2g）
　しょうがのすりおろし…小さじ1
A 米粉（製菓用）…90g
　シナモンパウダー…小さじ1/4
　カルダモンパウダー…小さじ1/4
塩…ひとつまみ
きび砂糖…60g

［下準備］

- 卵は卵黄と卵白に分けて、卵白を冷蔵室で冷やす。
- オーブンは180℃に予熱する。
- チャイ液を作る。鍋に牛乳、ティーバッグから出した茶葉を入れて中火で煮立て（a）、弱火で1分ほど煮出して粗熱を取り、こす（正味40g）。しょうがを加えて混ぜる。

［作り方］

1　卵黄生地を作る

ボウルに卵黄を入れて泡立て器で溶きほぐし、油を加えて混ぜる。

高速に切り替えてしっかりと泡立てる。残りの砂糖を2回に分けて加え、そのつどしっかりと泡立てる。

ゴムべらで底から返すようにしながら、泡をつぶさないように混ぜる。

チャイ液を加えて混ぜる。

Aを加え、粉っぽさがなくなるまで混ぜる。

2 メレンゲを作る

別のボウルに卵白、塩を入れ、ハンドミキサー(低速)で軽く泡立てる。砂糖の1/3量を加える。

ツノが立ったら、低速に切り替えて10秒混ぜ、キメを整える。

3 合わせる

メレンゲの1/3量を卵黄生地に加え、泡立て器でむらなく混ぜる。

残りのメレンゲを加える。

4 焼く

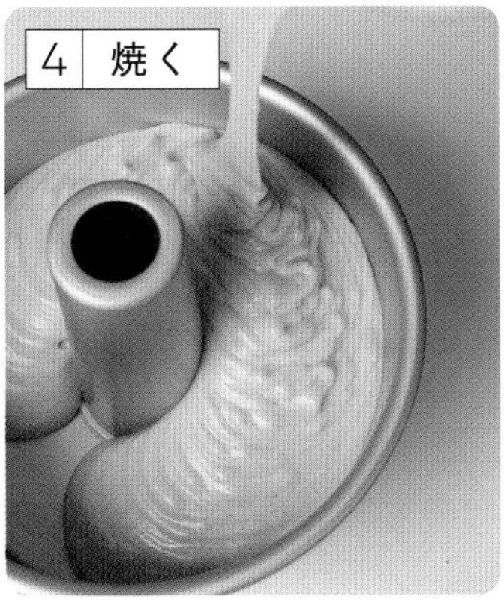

生地を型の1か所に流し入れる。

10cmほどの高さから落として大きな気泡を抜き、竹串で5周ほど混ぜる。

予熱したオーブンで30分焼く。焼き上がったら型ごと逆さにして網にのせ、完全に冷まし、型からはずす(はずし方はP77参照)。

キャラメル
マーブルシフォン⇒P36

板チョコシフォン⇒P37

ココナッツミルクシフォン

⇒P38

杏仁シフォン
⇒P39

バターアーモンドシフォン
⇒P39

#01 CARAMEL MARBLE CHIFFON CAKE

キャラメルマーブルシフォン

甘くてほろ苦いソースを
混ぜすぎないのが、
きれいなマーブルのコツ。

［ 材料 ］ 直径17cmのシフォンケーキ型・1台分

卵…4個
米油…30g
牛乳…30g
米粉（製菓用）90g
塩…ひとつまみ
きび砂糖…50g
〈キャラメルソース〉
生クリーム…30g
グラニュー糖…15g
水…5g

［ 下準備 ］

- 卵は卵黄と卵白に分けて、卵白を冷蔵室で冷やす。
- キャラメルソースを作る。耐熱ボウルに生クリームを入れ、電子レンジで20秒加熱する。小鍋にグラニュー糖、水を入れて中火にかけ、細かい泡が出て煙が立ち、全体が茶色くなったら火を止め、温めた生クリームを加えて鍋を揺すって混ぜ（a）、粗熱を取る。
- オーブンは180℃に予熱する。

あらかじめ生クリームを温めておくことで、キャラメルがパチパチとはねるのを防ぐ。

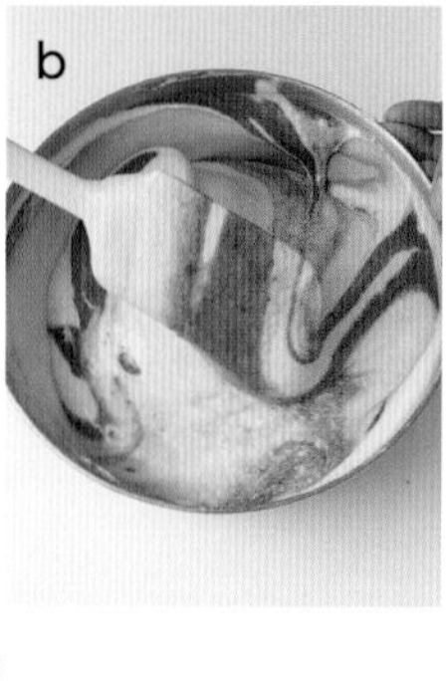

キャラメルソースを混ぜた生地を戻し入れ、大きく3〜4回混ぜればOK。

［ 作り方 ］

[1] ボウルに卵黄を入れて泡立て器で溶きほぐし、油、牛乳の順に加え、そのつど混ぜる。米粉を加え、粉っぽさがなくなるまで混ぜる。

[2] 別のボウルに卵白、塩を入れ、ハンドミキサー（低速）で軽く泡立てる。砂糖の1/3量を加え、高速に切り替えてしっかりと泡立てる。残りの砂糖を2回に分けて加え、そのつどしっかりと泡立てる。ツノが立ったら、低速に切り替えて10秒混ぜ、キメを整える。

[3] [2]の1/3量を[1]に加え、泡立て器でむらなく混ぜる。残りの[2]を加え、ゴムべらで底から返すようにしながら、泡をつぶさないように混ぜる。この生地を大さじ2取り分けてキャラメルソースに加えて混ぜ、生地のボウルに戻し入れて、ゴムべらで3〜4回混ぜてマーブル模様にする（b）。

[4] [3]を型の1か所に流し入れる。10cmほどの高さから落として大きな気泡を抜き、竹串で5周ほど混ぜる。予熱したオーブンで30分焼く。焼き上がったら型ごと逆さにして網にのせ、完全に冷まし、型からはずす（はずし方はP77参照）。

#02　CHOCOLATE CHIFFON CAKE

板チョコシフォン

板チョコは油分が多く、メレンゲがつぶれやすいので、手早く混ぜて。

[材 料]　直径17cmのシフォンケーキ型・1台分

卵…4個

A 米油…15g
　板チョコレート（ひと口大に割る）…2枚（100g）
　牛乳…30g

米粉（製菓用）…80g

塩…ひとつまみ

きび砂糖…20g

[下準備]

・卵は卵黄と卵白に分けて、卵白を冷蔵室で冷やす。

・フライパンに湯を沸かす。耐熱ボウルにAを入れ、底を湯につけながらなめらかになるまでゴムべらで混ぜる（a）。

・オーブンは180℃に予熱する。

チョコレートは油、牛乳と合わせて湯せんにかけてなめらかに溶かす。

[作り方]

[1] ボウルに卵黄を入れて泡立て器で溶きほぐし、Aを加えて混ぜる。米粉を加え、粉っぽさがなくなるまで混ぜる。

[2] 別のボウルに卵白、塩を入れ、ハンドミキサー（低速）で軽く泡立てる。砂糖を加え、高速に切り替えてしっかりと泡立てる。ツノが立ったら、低速に切り替えて10秒混ぜ、キメを整える。

[3] [2]の1/3量を[1]に加え、泡立て器でむらなく混ぜる。残りの[2]を加え、ゴムべらで底から返すようにしながら、泡をつぶさないように混ぜる。

[4] [3]を型の1か所に流し入れる。10cmほどの高さから落として大きな気泡を抜き、竹串で5周ほど混ぜる。予熱したオーブンで30分焼く。焼き上がったら型ごと逆さにして網にのせ、完全に冷まし、型からはずす（はずし方はP77参照）。

＊P33の写真は6等分にカットしたシフォンケーキの内側に切り込みを入れ、ホイップクリームとチェリーのシロップ煮をはさんでいます。

#03 COCONUT MILK CHIFFON CAKE

ココナッツミルクシフォン

トロピカルなココナッツミルクと
ココナッツファイン、ダブルで加えて
香りと食感に変化をつけます。

[材 料] 直径17cmのシフォンケーキ型・1台分

卵…4個
A 米油…20g
　ココナッツミルク…40g
　豆乳（無調整）…20g
米粉（製菓用）…90g
ココナッツファイン…20g
塩…ひとつまみ
きび砂糖…60g

[下準備]

・卵は卵黄と卵白に分けて、卵白を冷蔵室で冷やす。
・フライパンに湯を沸かす。耐熱ボウルにAを入れ、底を湯につけながらなめらかになるまでゴムべらで混ぜる（a）。
・オーブンは180℃に予熱する。

ココナッツミルクは油分がかたまっていることがあるので、油、豆乳と合わせて湯せんにかけ、溶かしてから使う。

ココナッツミルク

ココナッツミルクはココナッツの実の内側の白い部分から作られる乳状の液体。粉末のものを使う場合は、表示の分量に従って水や湯で溶いて使う。

[作り方]

[1] ボウルに卵黄を入れて泡立て器で溶きほぐし、Aを加えて混ぜる。米粉、ココナッツファインを加え、粉っぽさがなくなるまで混ぜる。

[2] 別のボウルに卵白、塩を入れ、ハンドミキサー（低速）で軽く泡立てる。砂糖の1/3量を加え、高速に切り替えてしっかりと泡立てる。残りの砂糖を2回に分けて加え、そのつどしっかりと泡立てる。ツノが立ったら、低速に切り替えて10秒混ぜ、キメを整える。

[3] [2]の1/3量を[1]に加え、泡立て器でむらなく混ぜる。残りの[2]を加え、ゴムべらで底から返すようにしながら、泡をつぶさないように混ぜる。

[4] [3]を型の1か所に流し入れる。10cmほどの高さから落として大きな気泡を抜き、竹串で5周ほど混ぜる。予熱したオーブンで30分焼く。焼き上がったら型ごと逆さにして網にのせ、完全に冷まし、型からはずす（はずし方はP77参照）。

#04 BUTTER & ALMOND CHIFFON CAKE

バターアーモンドシフォン

アーモンドスライスを散らして焼いて、食感をプラス。バターの風味がアーモンドの香りを引き立てます。

[材 料] 直径17cmのシフォンケーキ型・1台分

卵…4個
A バター(食塩不使用)…30g
└ 牛乳…40g
米粉(製菓用)…90g
塩…ひとつまみ
きび砂糖…60g
アーモンドスライス…20g

[下準備]

・卵は卵黄と卵白に分けて、卵白を冷蔵室で冷やす。
・フライパンに湯を沸かす。耐熱ボウルにAを入れ、底を湯につけながらなめらかになるまでゴムべらで混ぜる。
・オーブンは180℃に予熱する。

[作り方]

ココナッツミルクシフォン(P38)の作り方を参照して作る。焼く直前に、生地の表面にアーモンドスライスを散らす。

#05 ALMOND KERNEL CHIFFON CAKE

杏仁シフォン

杏仁はあんずの種の中の核のこと。独特の甘くミルキーな香りを閉じ込めます。

[材 料] 直径17cmのシフォンケーキ型・1台分

卵…4個
米油…30g
豆乳(無調整)…40g
米粉(製菓用)…70g
杏仁豆腐の素(粉末)…40g
塩…ひとつまみ
きび砂糖…60g

[下準備]

・卵は卵黄と卵白に分けて、卵白を冷蔵室で冷やす。
・オーブンは180℃に予熱する。

[作り方]

ココナッツミルクシフォン(P38)の作り方を参照し、Aを米油、豆乳に替えて順に加え、そのつど混ぜる。杏仁豆腐の素を米粉と一緒に加えて作る。

杏仁豆腐の素

聘珍樓の杏仁豆腐の素は、熱湯と牛乳を加えて作る粉末タイプ。米粉と一緒に加えて混ぜればOK。

黒糖レーズンシフォン⇒P44

アップルシナモンシフォン⇒P44

洋梨サワークリーム
シフォン⇒P45

オニオンチーズ
カレーシフォン⇒P45

かぼちゃシフォン⇒P46

ブルーチーズ
ペッパーシフォン

⇒P47

#06 BROWN SUGAR & RAISIN CHIFFON CAKE

黒糖レーズンシフォン

レーズンの凝縮した味わいが、
やさしい黒糖の甘みにマッチ。
食べ飽きないおいしさです。

[材 料] 直径17cmのシフォンケーキ型・1台分

卵…4個
米油…30g
豆乳（無調整）…30g
米粉（製菓用）…80g
塩…ひとつまみ
黒糖（粉末）…60g
レーズン…40g

[下準備]

・卵は卵黄と卵白に分けて、卵白を冷蔵室で冷やす。
・レーズンは細かく刻む（a）。
・オーブンは180℃に予熱する。

レーズンは生地全体に行きわたりやすいよう、細かく刻んで加える。

[作り方]

1 ボウルに卵黄を入れて泡立て器で溶きほぐし、油、豆乳の順に加え、そのつど混ぜる。米粉を加え、粉っぽさがなくなるまで混ぜる。

2 別のボウルに卵白、塩を入れ、ハンドミキサー（低速）で軽く泡立てる。黒糖の1/3量を加え、高速に切り替えてしっかりと泡立てる。残りの黒糖を2回に分けて加え、そのつどしっかりと泡立てる。ツノが立ったら、低速に切り替えて10秒混ぜ、キメを整える。

3 2の1/3量を1に加え、泡立て器でむらなく混ぜる。残りの2を加え、ゴムべらで底から返すようにしながら、泡をつぶさないように混ぜる。レーズンを3回に分けて加え、そのつどさっくりと混ぜる。

4 3を型の1か所に流し入れる。10cmほどの高さから落として大きな気泡を抜き、竹串で5周ほど混ぜる。予熱したオーブンで30分焼く。焼き上がったら型ごと逆さにして網にのせ、完全に冷まし、型からはずす（はずし方はP77参照）。

#07 APPLE CINNAMON CHIFFON CAKE

アップルシナモンシフォン

りんごとシナモンの最強コンビ。
角切りで散らしたりんごの
ジューシーさが広がります。

[材 料] 直径17cmのシフォンケーキ型・1台分

卵…4個
米油…30g
牛乳…40g
A 米粉（製菓用）…80g
　シナモンパウダー…10g
塩…ひとつまみ
きび砂糖…60g
りんご…正味50g

[下準備]

・卵は卵黄と卵白に分けて、卵白を冷蔵室で冷やす。
・りんごは皮と芯を除いて5mm角に切る。
・オーブンは180℃に予熱する。

[作り方]

黒糖レーズンシフォン（上記）の作り方を参照し、豆乳を牛乳に替え、米粉をAに、黒糖をきび砂糖に、レーズンをりんごに替えて（a）作る。

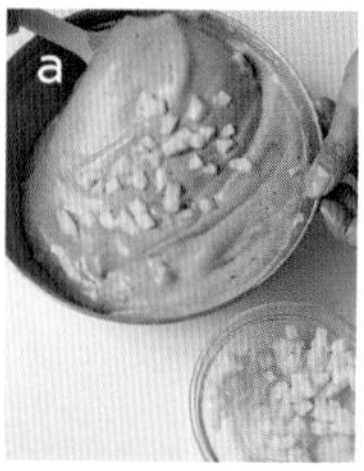

りんごは生地の最後に3回に分けて加え、泡をつぶさないようにさっくりと混ぜる。

#08 PEAR & SOUR CREAM CHIFFON CAKE

洋梨サワークリーム シフォン

缶詰の洋梨を使って手軽に。
上品な甘さとほのかな
酸味のバランスが絶妙です。

[材 料] 直径17cmのシフォンケーキ型・1台分

卵…4個
A 米油…20g
　サワークリーム…50g
　牛乳…20g
米粉（製菓用）…90g
塩…ひとつまみ
きび砂糖…60g
洋梨（缶詰）…50g

[下準備]

- 卵は卵黄と卵白に分けて、卵白を冷蔵室で冷やす。
- フライパンに湯を沸かす。耐熱ボウルにAを入れ、底を湯につけながらなめらかになるまでゴムべらで混ぜる（a）。
- 洋梨は汁けを取り、5mm角に切る。
- オーブンは180℃に予熱する。

サワークリームは油、牛乳と合わせて湯せんにかけてなめらかに溶かす。

[作り方]

黒糖レーズンシフォン（P44）の作り方を参照し、米油、豆乳をAに替え、黒糖をきび砂糖に、レーズンを洋梨に替えて作る。

#09 ONION & CHEESE CURRY CHIFFON CAKE

オニオンチーズ カレーシフォン

カレーの香りがそそる！
食事にもぴったりの
甘さ控えめシフォン。

[材 料] 直径17cmのシフォンケーキ型・1台分

卵…4個
A 米油…30g
　牛乳…40g
　粉チーズ…20g
B 米粉（製菓用）…80g
　カレー粉…5g
　塩…小さじ1/2
塩…ひとつまみ
きび砂糖…40g
玉ねぎ…50g

[下準備]

- 卵は卵黄と卵白に分けて、卵白を冷蔵室で冷やす。
- フライパンに湯を沸かす。耐熱ボウルにAを入れ、底を湯につけながらなめらかになるまでゴムべらで混ぜる。
- 玉ねぎはみじん切りにする。
- オーブンは180℃に予熱する。

[作り方]

黒糖レーズンシフォン（P44）の作り方を参照し、米油、豆乳をAに、米粉をBに、黒糖をきび砂糖に、レーズンを玉ねぎに替えて作る。

#10 PUMPKIN CHIFFON CAKE

かぼちゃシフォン

かぼちゃはつぶさずに
角切りにして加えることで
存在感をアップ。

[材料] 直径17cmのシフォンケーキ型・1台分

卵…4個
米油…30g
豆乳（無調整）…40g
米粉（製菓用）…90g
塩…ひとつまみ
きび砂糖…60g
かぼちゃ…正味50g

[下準備]

- 卵は卵黄と卵白に分けて、卵白を冷蔵室で冷やす。
- かぼちゃは種とわたを取り、皮をむいて耐熱皿にのせ、ふんわりとラップをかけて電子レンジで2分加熱する。粗熱を取り、7～8mm角に切る（a）。
- オーブンは180℃に予熱する。

かぼちゃは7～8mm大の、角切りにする。大きすぎると、具が沈んでしまったり、生地がつぶれてしまう原因になるので注意。

[作り方]

[1] ボウルに卵黄を入れて泡立て器で溶きほぐし、油、豆乳の順に加え、そのつど混ぜる。米粉を加え、粉っぽさがなくなるまで混ぜる。

[2] 別のボウルに卵白、塩を入れ、ハンドミキサー（低速）で軽く泡立てる。砂糖の1/3量を加え、高速に切り替えてしっかりと泡立てる。残りの砂糖を2回に分けて加え、そのつどしっかりと泡立てる。ツノが立ったら、低速に切り替えて10秒混ぜ、キメを整える。

[3] [2]の1/3量を[1]に加え、泡立て器でむらなく混ぜる。残りの[2]を加え、ゴムべらで底から返すようにしながら、泡をつぶさないように混ぜる。かぼちゃを3回に分けて加え、そのつどさっくりと混ぜる。

[4] [3]を型の1か所に流し入れる。10cmほどの高さから落として大きな気泡を抜き、竹串で5周ほど混ぜる。予熱したオーブンで30分焼く。焼き上がったら型ごと逆さにして網にのせ、完全に冷まし、型からはずす（はずし方はP77参照）。

#11 BLUE CHEESE & PEPPER CHIFFON CAKE

ブルーチーズ ペッパーシフォン

個性的なブルーチーズで大人味。
キリッとこしょうをきかせて、
ワインと一緒にどうぞ。

［ 材 料 ］ 直径17cmのシフォンケーキ型・1台分

卵…4個
A 米油…30g
　ブルーチーズ…40g
　牛乳…20g
米粉（製菓用）…80g
粗びき黒こしょう…小さじ1/2
塩…ひとつまみ
きび砂糖…40g

［ 下準備 ］

- 卵は卵黄と卵白に分けて、卵白を冷蔵室で冷やす。
- フライパンに湯を沸かす。耐熱ボウルにAを入れ、底を湯につけながらなめらかになるまでゴムべらで混ぜる（a）。
- オーブンは180℃に予熱する。

ブルーチーズは油、牛乳と合わせて湯せんにかけてなめらかに溶かす。

［ 作り方 ］

1 ボウルに卵黄を入れて泡立て器で溶きほぐし、Aを加えて混ぜる。米粉、黒こしょうを加え、粉っぽさがなくなるまで混ぜる。

2 別のボウルに卵白、塩を入れ、ハンドミキサー（低速）で軽く泡立てる。砂糖の半量を加え、高速に切り替えてしっかりと泡立てる。残りの砂糖を加え、しっかりと泡立てる。ツノが立ったら、低速に切り替えて10秒混ぜ、キメを整える。

3 2の1/3量を1に加え、泡立て器でむらなく混ぜる。残りの2を加え、ゴムべらで底から返すようにしながら、泡をつぶさないように混ぜる。

4 3を型の1か所に流し入れる。10cmほどの高さから落として大きな気泡を抜き、竹串で5周ほど混ぜる。予熱したオーブンで30分焼く。焼き上がったら型ごと逆さにして網にのせ、完全に冷まし、型からはずす（はずし方はP77参照）。

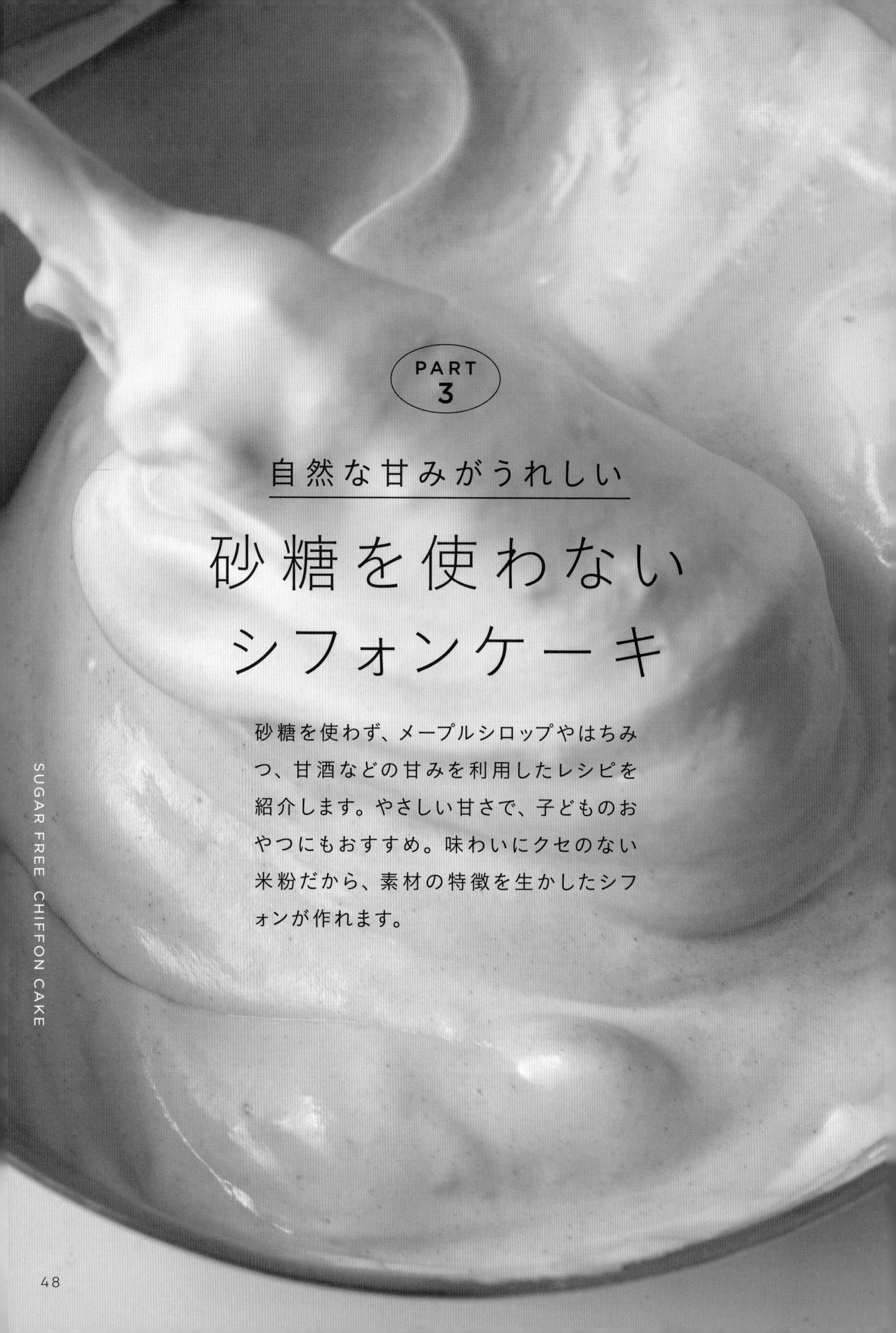

PART
3

自然な甘みがうれしい

砂糖を使わない シフォンケーキ

砂糖を使わず、メープルシロップやはちみつ、甘酒などの甘みを利用したレシピを紹介します。やさしい甘さで、子どものおやつにもおすすめ。味わいにクセのない米粉だから、素材の特徴を生かしたシフォンが作れます。

BASE_3　MAPLE KINAKO CHIFFON CAKE

メープルきな粉シフォン

砂糖の代わりに、コクのある甘みの
メープルシロップを使います。さっぱりとした
ヨーグルトクリーム(P70)がよく合います。

BASE_3 | MAPLE KINAKO CHIFFON CAKE

メープルきな粉シフォン

[材料] 直径17cmのシフォンケーキ型・1台分

卵…4個
メープルシロップ…60g
米油…30g
水…15g
A 米粉(製菓用)…70g
└ きな粉…20g
塩…ひとつまみ

[下準備]

・卵は卵黄と卵白に分けて、卵白を冷蔵室で冷やす。
・オーブンは180℃に予熱する。

[作り方]

1 卵黄生地を作る

ボウルに卵黄を入れて泡立て器で溶きほぐし、メープルシロップ40gを加えて混ぜる。

高速に切り替え、ツノが立つまでしっかりと泡立てる。

4 焼く

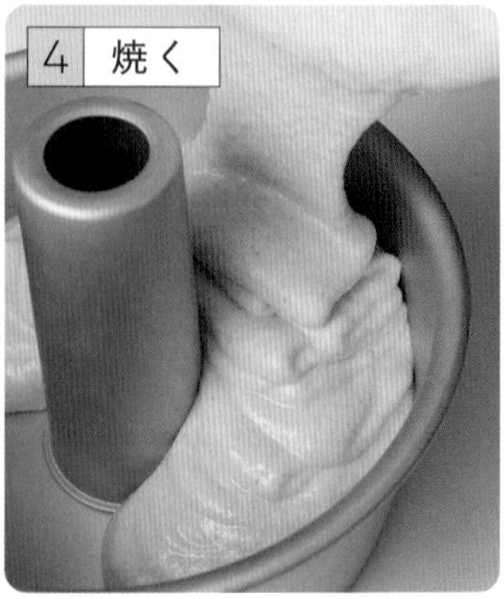

生地を型の1か所に流し入れる。

油、水の順に加え、そのつど泡立て器でよく混ぜる。

Aを加え、粉っぽさがなくなるまで混ぜる。

2 メレンゲを作る

別のボウルに卵白、塩を入れ、ハンドミキサー(低速)で軽く泡立てる。残りのメープルシロップを加える。

低速に切り替えて10秒混ぜ、キメを整える。

3 合わせる

メレンゲの1/3量を卵黄生地に加え、泡立て器でむらなく混ぜる。

残りのメレンゲを加え、ゴムべらで底から返すようにしながら、泡をつぶさないように混ぜる。

10cmほどの高さから落として大きな気泡を抜く。

竹串で5周ほど混ぜる。

予熱したオーブンで30分焼く。焼き上がったら型ごと逆さにして網にのせ、完全に冷まし、型からはずす(はずし方はP77参照)。

はちみつしょうがシフォン
はちみつレモンシフォン

#01 HONEY & GINGER CHIFFON CAKE

はちみつしょうがシフォン

はちみつを加えた生地は
こげやすいので、ほかのレシピより
10℃ほど下げて焼きます。

［ 材 料 ］ 直径17cmのシフォンケーキ型・1台分

卵…4個
はちみつ…60g
米油…30g
しょうがのすりおろし…小さじ2
水…10g
米粉（製菓用）…90g
塩…ひとつまみ

［ 下準備 ］

・卵は卵黄と卵白に分けて、卵白を冷蔵室で冷やす。
・オーブンは170℃に予熱する。

［ 作り方 ］

1 ボウルに卵黄を入れて泡立て器で溶きほぐし、はちみつ40g、油、しょうが、水の順に加えてそのつど混ぜる。米粉を加え、粉っぽさがなくなるまで混ぜる。

2 別のボウルに卵白、塩を入れ、ハンドミキサー（低速）で軽く泡立てる。残りのはちみつを加え、高速に切り替えてしっかりと泡立てる。ツノが立ったら、低速に切り替えて10秒混ぜ、キメを整える。

3 2の1/3量を1に加え、泡立て器でむらなく混ぜる。残りの2を加え、ゴムべらで底から返すようにしながら、泡をつぶさないように混ぜる。

4 3を型の1か所に流し入れる。10cmほどの高さから落として大きな気泡を抜き、竹串で5周ほど混ぜる。予熱したオーブンで30分焼く。焼き上がったら型ごと逆さにして網にのせ、完全に冷まし、型からはずす（はずし方はP77参照）。

#02 HONEY & LEMON CHIFFON CAKE

はちみつレモンシフォン

はちみつと相性のいいレモンを合わせます。
たっぷりとレモンの皮を加えて、香りよく。

［ 材 料 ］ 直径17cmのシフォンケーキ型・1台分

卵…4個
はちみつ…60g
米油…20g
レモンの皮（すりおろす）（a）…1個分
レモン汁…15g
米粉（製菓用）…90g
塩…ひとつまみ

［ 下準備 ］

・卵は卵黄と卵白に分けて、卵白を冷蔵室で冷やす。
・オーブンは170℃に予熱する。

［ 作り方 ］

はちみつしょうがシフォン（上記）の作り方を参照し、しょうが、水をレモンの皮、レモン汁に替えて順に加え、そのつど混ぜて作る。

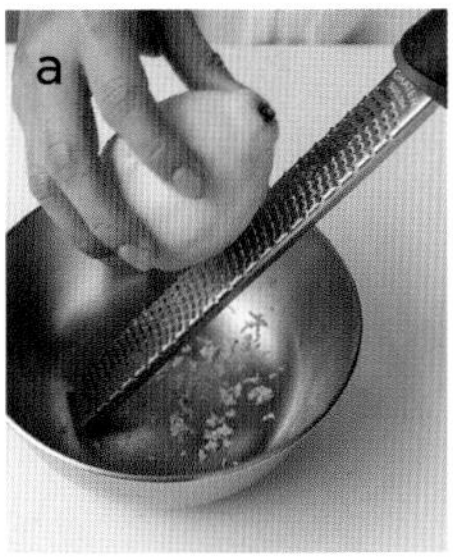

レモンの皮は黄色い部分だけをすりおろせばOK。皮を加えることで、レモンのさわやかな香りが際立つ。

焼きいも黒ごまシフォン⇒P56

バナナ甘酒シフォン⇒P57

バナナココアシフォン⇒P57

#03 BAKED SWEET POTATO & BLACK SESAME CHIFFON CAKE

焼きいも黒ごまシフォン

焼きいもとみりんのやさしい甘みを生かします。食感のアクセントにプチプチとしたごまを加えました。

[材 料] 直径17cmのシフォンケーキ型・1台分

卵…4個
米油…30g
A 本みりん…30g
　焼きいも…正味80g
　豆乳（無調整）…30g
米粉（製菓用）…90g
黒いりごま…大さじ1
塩…ひとつまみ
本みりん…10g

[下準備]

- 卵は卵黄と卵白に分けて、卵白を冷蔵室で冷やす。
- 焼きいもは皮をむいてつぶす（a）。
- オーブンは180℃に予熱する。

a

焼きいもは皮をむいてボウルに入れ、フォークなどでなめらかにつぶす。かたい場合は、豆乳大さじ1（分量外）を少しずつ足してしっとりさせる。

本みりん

もち米、米麹、アルコールなどをじっくりと熟成させた調味料。豊かな風味、自然な甘みが特徴。

[作り方]

1 ボウルに卵黄を入れて泡立て器で溶きほぐし、油、Aを順に加えてそのつど混ぜる。米粉、黒ごまを加え、粉っぽさがなくなるまで混ぜる。

2 別のボウルに卵白、塩を入れ、ハンドミキサー（低速）で軽く泡立てる。みりんを加え、高速に切り替えてしっかりと泡立てる。ツノが立ったら、低速に切り替えて10秒混ぜ、キメを整える。

3 2の1/3量を1に加え、泡立て器でむらなく混ぜる。残りの2を加え、ゴムべらで底から返すようにしながら、泡をつぶさないように混ぜる。

4 3を型の1か所に流し入れる。10cmほどの高さから落として大きな気泡を抜き、竹串で5周ほど混ぜる。予熱したオーブンで30分焼く。焼き上がったら型ごと逆さにして網にのせ、完全に冷まし、型からはずす（はずし方はP77参照）。

#04 BANANA & AMAZAKE CHIFFON CAKE

バナナ甘酒シフォン

バナナと甘酒のまろやかな甘み。
バナナはしっかり熟したものがおすすめです。

[材料] 直径17cmのシフォンケーキ型・1台分

卵…4個
米油…20g
A バナナ…正味80g
　甘酒(2倍濃縮)…100g
米粉(製菓用)…90g
塩…ひとつまみ

バナナ

バナナは黒い斑点が出るくらいに熟したものを。甘みが強く、やわらかいのでつぶすのもラク。

[下準備]

・卵は卵黄と卵白に分けて、卵白を冷蔵室で冷やす。
・Aのバナナは皮をむいてつぶし(a)、甘酒と混ぜる。
・オーブンは170℃に予熱する。

[作り方]

焼きいも黒ごまシフォン(P56)の作り方を参照し、予熱したオーブンで45分焼く。

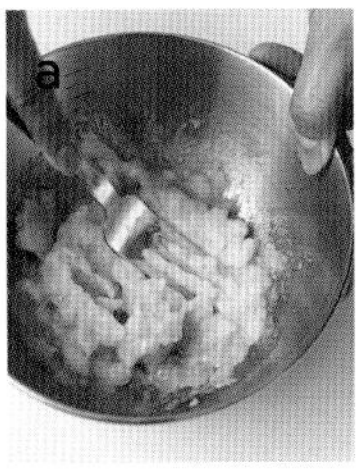

バナナはフォークなどを使い、大きなかたまりが残らないくらいになめらかにつぶす。

#05 BANANA & COCOA CHIFFON CAKE

バナナココアシフォン

バナナの香りにほろ苦ココア。
意外な大人っぽさのあるフレーバーです。

[材料] 直径17cmのシフォンケーキ型・1台分

卵…4個
米油…30g
バナナ…正味100g
米粉(製菓用)…75g
ココアパウダー…15g
塩…ひとつまみ
メープルシロップ…30g

[下準備]

・卵は卵黄と卵白に分けて、卵白を冷蔵室で冷やす。
・バナナは皮をむいてつぶす。
・オーブンは170℃に予熱する。

[作り方]

焼きいも黒ごまシフォン(P56)の作り方を参照し、Aをバナナに替え、米粉を加えたあとにココアパウダーをふるい入れて混ぜる。卵白に加えるみりんをメープルシロップに替えて作る。予熱したオーブンで45分焼く。

PART 4

あっさり、さっぱり

オイルを使わない シフォンケーキ

オイルを使わずに作ると、米粉のしっとり感はキープしつつ、味わいはあっさり、さっぱり。そのぶん香りを足したり、クリームチーズや練りごまでコクをプラスするなど、工夫しました。ほうじ茶やゆであずきなど、和のフレーバーにも合う生地です。

OIL FREE CHIFFON CAKE

BASE_4 | MATCHA CHIFFON CAKE

抹茶シフォン

海外でも人気の抹茶味。
抹茶パウダーはダマにならないよう、
茶こしなどでふるいながら加えます。

BASE_4 MATCHA CHIFFON CAKE

抹茶シフォン

[材 料] 直径17cmのシフォンケーキ型・1台分

卵 … 4個
きび砂糖 … 60g
牛乳 … 40g
米粉（製菓用）… 90g
抹茶パウダー … 5g
塩 … ひとつまみ

[下準備]

・卵は卵黄と卵白に分けて、卵白を冷蔵室で冷やす。
・オーブンは180℃に予熱する。

[作り方]

ボウルに卵黄を入れて泡立て器で溶きほぐし、砂糖の半量、牛乳の順に加えてそのつど混ぜる。

残りの砂糖の半量を加え、高速に切り替えてしっかり泡立てる。

残りのメレンゲを加え、ゴムべらで底から返すようにしながら、泡をつぶさないように混ぜる。

米粉を加え、抹茶パウダーをふるい入れる。

粉っぽさがなくなるまで混ぜる。

2 メレンゲを作る

別のボウルに卵白、塩を入れ、ハンドミキサー（低速）で軽く泡立てる。

残りの砂糖を加えてしっかり泡立て、ツノが立ったら、低速に切り替えて10秒混ぜ、キメを整える。

3 合わせる

メレンゲの1/3量を卵黄生地に加える。

泡立て器でむらなく混ぜる。

4 焼く

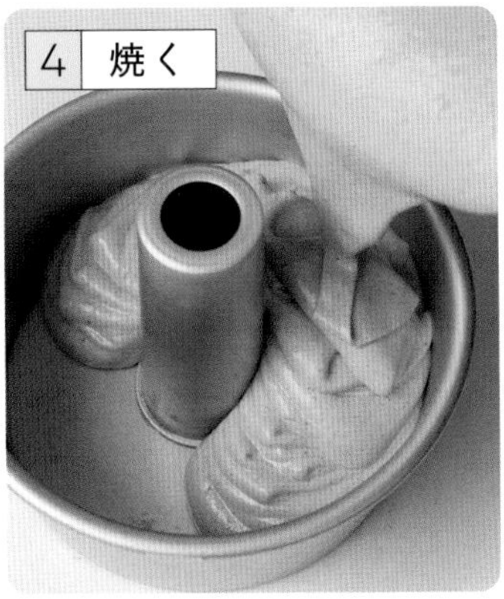

生地を型の1か所に流し入れる。

10cmほどの高さから落として大きな気泡を抜き、竹串で5周ほど混ぜる。

予熱したオーブンで30分焼く。焼き上がったら型ごと逆さにして網にのせ、完全に冷まし、型からはずす（はずし方はP77参照）。

パイナップルヨーグルト
シフォン⇒P66

あずきシフォン
⇒P67

ほうじ茶シフォン⇒P67

コーヒーシフォン⇒P68

黒ごまシフォン⇒P68

アボカドピスタチオシフォン⇒P69

クリームチーズシフォン⇒P69

#01 PINEAPPLE & YOGURT CHIFFON CAKE

パイナップル ヨーグルトシフォン

さわやかな味わいの組み合わせ。パイナップルは生地によくなじむ缶詰のものを使います。

[材 料] 直径17cmのシフォンケーキ型・1台分

卵…4個
きび砂糖…60g
プレーンヨーグルト（無糖）…60g
米粉（製菓用）…90g
塩…ひとつまみ
パイナップル（缶詰）…50g

[下 準 備]

- 卵は卵黄と卵白に分けて、卵白を冷蔵室で冷やす。
- フライパンに湯を沸かす。耐熱ボウルにヨーグルトを入れ、底を湯につけながら人肌程度まで温める（a）。
- パイナップルは汁けを取り、5mm角に切る。
- オーブンは180℃に予熱する。

ヨーグルトは冷たいまま加えると生地がふくらみにくくなるので、湯せんにかけて混ぜ、人肌程度に温めておく。

[作り方]

[1] ボウルに卵黄を入れて泡立て器で溶きほぐし、砂糖の半量、ヨーグルトの順に加え、そのつど混ぜる。米粉を加え、粉っぽさがなくなるまで混ぜる。

[2] 別のボウルに卵白、塩を入れ、ハンドミキサー（低速）で軽く泡立てる。残りの砂糖の半量を加え、高速に切り替えてしっかり泡立てる。残りの砂糖を加え、しっかりとツノが立つまで泡立てる。低速に切り替えて10秒混ぜ、キメを整える。

[3] [2]の1/3量を[1]に加え、泡立て器でむらなく混ぜる。残りの[2]を加え、ゴムべらで底から返すようにしながら、泡をつぶさないように混ぜる。パイナップルを3回に分けて加え、そのつどさっくりと混ぜる。

[4] [3]を型の1か所に流し入れる。10cmほどの高さから落として大きな気泡を抜き、竹串で5周ほど混ぜる。予熱したオーブンで30分焼く。焼き上がったら型ごと逆さにして網にのせ、完全に冷まし、型からはずす（はずし方はP77参照）。

#02 AZUKI CHIFFON CAKE

あずきシフォン

ふわふわしっとりのシフォン生地に、
あずきのやさしい甘みが合います。

[材料] 直径17cmのシフォンケーキ型・1台分

卵…4個
きび砂糖…60g
A 水…30g
ゆであずき（缶詰・加糖）…60g
米粉（製菓用）…90g
塩…ひとつまみ

[下準備]

・卵は卵黄と卵白に分けて、卵白を冷蔵室で冷やす。
・オーブンは180℃に予熱する。

[作り方]

パイナップルヨーグルトシフォン（P66）の作り方を参照し、ヨーグルトをAに替えて作る。

#03 ROASTED GREEN TEA CHIFFON CAKE

ほうじ茶シフォン

製菓用のほうじ茶パウダーを使って、
香ばしく焼き上げます。
ミルクやコーヒーにも合うシフォンです。

[材料] 直径17cmのシフォンケーキ型・1台分

卵…4個
きび砂糖…60g
水…40g
米粉（製菓用）…90g
ほうじ茶パウダー…8g
塩…ひとつまみ

[下準備]

・卵は卵黄と卵白に分けて、卵白を冷蔵室で冷やす。
・オーブンは180℃に予熱する。

[作り方]

パイナップルヨーグルトシフォン（P66）の作り方を参照し、ヨーグルトを水に替え、米粉のあとにほうじ茶パウダーをふるい入れて作る。

#04 COFFEE CHIFFON CAKE

コーヒーシフォン

油の代わりに加える生クリームに、コーヒーを混ぜ込んで。ホイップクリームを添えて、カフェオレ風の味わいにも。

[材料] 直径17cmのシフォンケーキ型・1台分

卵…4個
きび砂糖…60g
A 生クリーム…80g
└ インスタントコーヒー（顆粒）…5g
米粉（製菓用）…90g
塩…ひとつまみ

[下準備]

- 卵は卵黄と卵白に分けて、卵白を冷蔵室で冷やす。
- フライパンに湯を沸かす。耐熱ボウルにAを入れ、底を湯につけながら混ぜ、人肌に温める。
- オーブンは180℃に予熱する。

[作り方]

[1] ボウルに卵黄を入れて泡立て器で溶きほぐし、砂糖の半量、Aの順に加え、そのつど混ぜる。米粉を加え、粉っぽさがなくなるまで混ぜる。

[2] 別のボウルに卵白、塩を入れ、ハンドミキサー（低速）で軽く泡立てる。残りの砂糖の半量を加え、高速に切り替えてしっかり泡立てる。残りの砂糖を加え、しっかりとツノが立つまで泡立てる。低速に切り替えて10秒混ぜ、キメを整える。

[3] [2]の1/3量を[1]に加え、泡立て器でむらなく混ぜる。残りの[2]を加え、ゴムべらで底から返すようにしながら、泡をつぶさないように混ぜる。

[4] [3]を型の1か所に流し入れる。10cmほどの高さから落として大きな気泡を抜き、竹串で5周ほど混ぜる。予熱したオーブンで30分焼く。焼き上がったら型ごと逆さにして網にのせ、完全に冷まし、型からはずす（はずし方はP77参照）。

＊P64の写真は、ホイップクリームを添えています。

#05 BLACK SESAME CHIFFON CAKE

黒ごまシフォン

練りごまの油分を利用して、しっとりと焼き上げます。香ばしさが広がる和風シフォン。

[材料] 直径17cmのシフォンケーキ型・1台分

卵…4個
きび砂糖…60g
A 黒練りごま…20g
└ 豆乳（無調整）…50g
米粉（製菓用）…90g
塩…ひとつまみ

[下準備]

- 卵は卵黄と卵白に分けて、卵白を冷蔵室で冷やす。
- フライパンに湯を沸かす。耐熱ボウルにAを入れ、底を湯につけながらなめらかになるまでゴムべらで混ぜる。
- オーブンは180℃に予熱する。

[作り方]

コーヒーシフォンの作り方（上記）を参照して作る。

#06 AVOCADO & PISTACHIO CHIFFON CAKE

アボカド ピスタチオシフォン

脂質を含むアボカドを
油代わりに加えて
しっとりとコクのある味わいに。

[材 料] 直径17cmのシフォンケーキ型・1台分

卵 … 4個
きび砂糖 … 60g
A アボカド … 正味50g
　レモン汁 … 10g
　豆乳（無調整）… 40g
米粉（製菓用）… 90g
ピスタチオ（ロースト）… 正味10g
塩 … ひとつまみ

[下準備]

- ピスタチオは細かく刻む。
- 卵は卵黄と卵白に分けて、卵白を冷蔵室で冷やす。
- ボウルにAのアボカドとレモン汁を入れ、フォークでなめらかにつぶしながら混ぜる。さらに豆乳を加えて混ぜる。
- オーブンは170℃に予熱する。

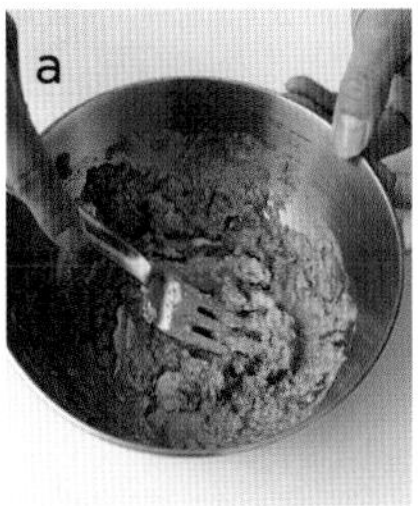

アボカドはフォークでなめらかにつぶす。レモン汁を加えることで、変色が防げる。

[作り方]

コーヒーシフォン（P68）の作り方を参照して作る。焼く直前にピスタチオを2〜3回に分けて加え、混ぜる。予熱したオーブンで45分焼く。

#07 OLIVE OIL & PEPPER CHIFFON CAKE

クリームチーズ シフォン

油の代わりにコクのある
クリームチーズを混ぜ込みました。
フルーツジャムと相性抜群。

[材 料] 直径17cmのシフォンケーキ型・1台分

卵 … 4個
きび砂糖 … 60g
A クリームチーズ … 80g
　牛乳 … 20g
　レモン汁 … 10g
米粉（製菓用）… 90g
塩 … ひとつまみ

[下準備]

- 卵は卵黄と卵白に分けて、卵白を冷蔵室で冷やす。
- フライパンに湯を沸かす。耐熱ボウルにAを入れ、底を湯につけながらなめらかになるまでゴムべらで混ぜる（a）。
- オーブンは180℃に予熱する。

クリームチーズは牛乳、レモン汁と合わせ、湯せんにかけてやわらかくしてから使う。

[作り方]

コーヒーシフォン（P68）の作り方を参照して作る。
＊P65の写真は、いちごジャムを添えています。

COLUMN　CREAM VARIATIONS

添えておいしいクリーム

豆腐クリーム

豆腐がベースのヘルシークリーム。
ごまや抹茶パウダーをプラスして、アレンジもOK。

[材 料] 作りやすい分量

木綿豆腐…150g
きび砂糖…15g
米油…10g
レモン汁…小さじ1/2

[作り方]

ボウルにすべての材料を入れ、ハンディブレンダーで撹拌する。

豆乳クリーム

コクがあって、なめらかな口あたり。
どんなシフォンにも合わせやすいクリーム。

[材 料] 作りやすい分量

豆乳（無調整）…100g
米油…100g
きび砂糖…20g
レモン汁…大さじ1/2

[作り方]

ボウルにすべての材料を入れ、ハンディブレンダーで撹拌する。

ヨーグルトクリーム

ほどよい酸味で後味さっぱり。
フルーツ系のシフォンによく合います。

［ 材 料 ］ 作りやすい分量

プレーンヨーグルト（無糖）…400g
はちみつ…15g

［ 作り方 ］

ボウルに厚手のペーパータオルを敷いたざるを重ね、ヨーグルトを入れて冷蔵室に半日ほどおき、汁けをきる。はちみつを混ぜる。

コーヒークリーム

コーヒーシフォンはもちろん、プレーンやココアシフォンなどとの組み合わせも楽しい。

［ 材 料 ］ 作りやすい分量

インスタントコーヒー（顆粒）… 小さじ1
湯… 小さじ1
生クリーム…100g
きび砂糖… 大さじ1/2

［ 作り方 ］

湯にインスタントコーヒーを加えて溶かし、粗熱を取る。生クリームを入れたボウルに砂糖とともに加え、底を氷水に当てながら泡立てる。

チョコクリーム

子どもたちも大好きな味。
チョコはビターでもミルクでもお好みで。

［ 材 料 ］ 作りやすい分量

板チョコレート…50g
生クリーム…200g

［ 作り方 ］

板チョコは刻んで耐熱ボウルに入れ、底を熱湯につけながら溶かす。湯からはずし、生クリームを少量加えて混ぜ、残りの生クリームを半量ずつ加えてそのつど混ぜる。底を氷水に当てながら泡立てる。

COLUMN　DECORATION

＋αでもっとおいしく華やかに

シンプルなシフォンも、ちょっとしたアイデアでパーティーやプレゼントにもよろこばれる洗練されたケーキに変身します。

＋粉砂糖

茶こしで粉砂糖をふわりとふりかけるだけでも、見た目の印象は変わります。どんなシフォンも上品なたたずまいに。ココアパウダーや抹茶パウダーなどをふっても。

＋アイシング

粉砂糖60gに水10gを混ぜて、スプーンなどでシフォン全体に細くかけ、かたまるまでおきます。水をレモン汁に替えたレモンアイシングでも。

＋クリーム　＋ケーキトッパー

シフォンにたっぷりのホイップクリームをのせ、カラフルなアラザンやチョコスプレーをパラリ。あとはバースデーやウェディングなどのケーキトッパーやキャンドルを飾れば、華やかなデコレーションケーキになります。

米粉を替えると

RICE FLOUR_1　リ・ファリーヌ／群馬製粉

パンやお菓子作りに幅広く使えると人気の米粉です。粒子が細かいため、焼き上がりはキメが細かく、ふんわりとした食感になります。

RICE FLOUR_2　米粉パウダー／みたけ食品工業

スーパーなどでも入手しやすい米粉です。吸水率が高めで、焼き上がりはどっしり、高さは比較的低めの仕上がりです。

RICE FLOUR_3　お米の粉　お料理自慢の薄力粉／波里

お菓子作りだけでなく、料理にも幅広く使われます。こちらもややどっしりめの焼き上がり。

ひとことで米粉といっても、米の品種や製粉方法で吸水率などに大きな違いがあります。
この本では共立食品の「米の粉」(P6参照)を使っていますが、違う種類の米粉を使うと、
下の写真のように仕上がりに多少の差が出てきます。しかし、シフォンケーキは
卵の割合が多いので、比較的どんなタイプの米粉を使っても作ることができます。
お好みに合わせて、シフォンケーキ作りを楽しんでください。

RICE FLOUR_4　オーサワの国産米粉／オーサワジャパン

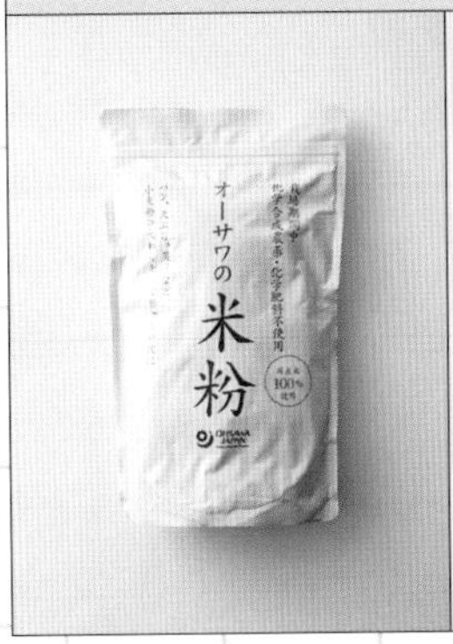

化学合成農薬、化学肥料不使用の国産米を100%使用した米粉。粒子は微細で、ふんわりと焼き上がります。自然食品店などで入手できます。

RICE FLOUR_5　九州ミズホチカラ米粉／熊本製粉

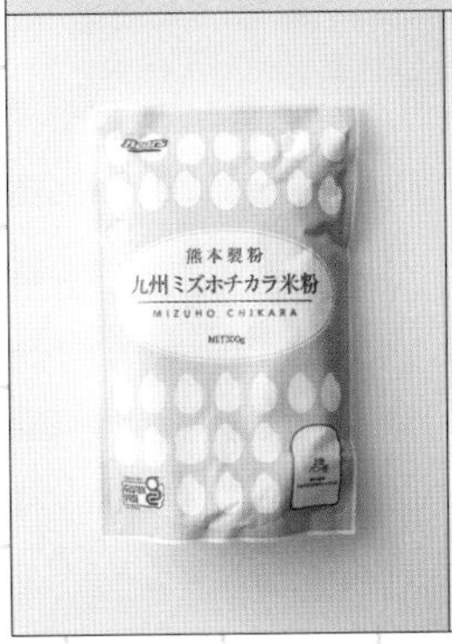

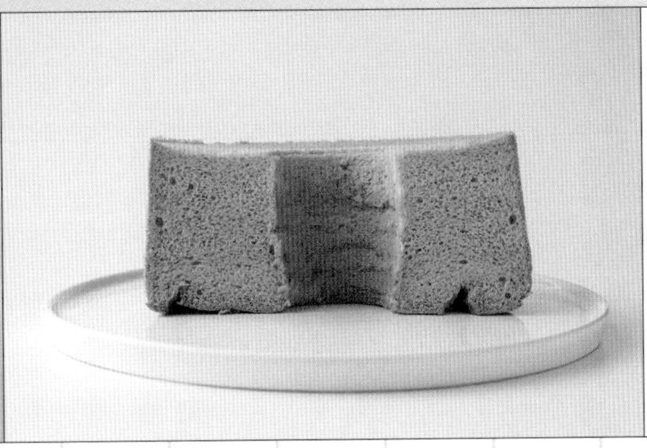

九州産ミズホチカラという米を、パン用に粉砕した米粉です。吸水率が低めで、ふんわりと焼き上がります。パン用ですが、お菓子作りにも使えます。

RICE FLOUR_6　玄米粉／熊本製粉

九州産玄米を粉砕。焼き上がりは、玄米粉ならではの香ばしさと素朴な味わいが楽しめます。いつもと違う風味にトライしたい方は使ってみてください。

シフォンケーキ Q & A

シフォンケーキ作りにまつわる、よくある失敗の対処法や、
そのほかの疑問、質問にお答えします。

Q 型からはずしたら、へこみができてしまいました。

A 泡立て方やオーブンの温度などが原因と考えられます。

型からはずしたときに、へこみができてしまうことを「底上げ」といいます。これは、メレンゲの泡立て方が足りず、卵白が混ざりきっていない、オーブンの温度や焼き時間が合っていないといったことが原因で起こりやすいといわれています。設定温度は使っているオーブンによっても多少の差が出ることがあります。お持ちのオーブンの特徴やクセをつかむことも大事です。

Q 生地に気泡ができてしまいました。

A 焼く前に大きな気泡を抜いてください。

焼く前に、生地の中の大きな気泡を抜くために、10cmくらいの高さからトンと落とします。さらに竹串で5周ほど混ぜることで、余分な気泡は抜くことができます。メレンゲを加えてからの混ぜ方が足りない場合にも、穴があいてしまうことがあります。泡をつぶさないようにしつつ、しっかりと混ぜることも大切です。

Q 冷めたら生地が縮んでいました。

A メレンゲの泡立て方が足りなかったかもしれません。

冷めたときに縮んでしまうのを「焼き縮み」といいます。メレンゲのキメが粗いと焼き縮みが起こりやすくなります。卵白をしっかり冷やしておく、ボウルやハンドミキサーに水分がついていないか確認する、卵黄が混ざらないようにするなど、注意してみてください。焼き縮みは、焼き上がったあと、冷ますときに逆さまにしなかったり、焼き時間が足りなかったりしても起こることがあります。

Q　しっかりふくらんだと思ったら、あとでつぶれてしまいました。

A　焼き時間が足りなかったかもしれません。

焼き時間が足りなかったり、温度が低かったりすると、一度はふくらんだように見えてもつぶれてしまうことがあります。焼き時間が足りない、オーブンの温度が低いなどが考えられます。レシピの焼き時間通りに焼いても、使っているオーブンの特徴や、夏と冬の気温などで差が出ることがあります。焼き上がりの様子を見ながら、調整をしてください。

Q　具の周りが空洞になってしまいました。

A　具材の水分が出て、メレンゲをつぶしてしまったことが原因です。

フルーツなど水分が多く含まれている具を入れると、具材から水分が出てメレンゲをつぶしてしまい、空洞になってしまうことがあります。また、大きな具を入れてしまうと、その重さでメレンゲをつぶしてしまい、空洞ができることも。具を入れるときは、5㎜程度に小さめにカットし、水分があるものの場合は、しっかり水けを取ってから加え、さっくりと手早く混ぜてください。

Q　焼き上がりの目安が知りたいです。

A　割れ目の色をチェックしてください。

ふくらんだ部分の割れ目の色をチェックしてください。割れ目の中まで、しっかり焼き色がついていれば焼き上がりです。中まで焼き色がついていない場合は、もう5分ほど焼き時間を追加してみてください。

Q　焼き上がりがちょっとこげくさいのですが……。

A　円筒部分をよく拭いてから焼いてください。

型に生地を流し入れるとき、円筒部分についてしまった生地をそのままにしておくと、その生地が先にこげてしまい、こげくさくなることがあります。オーブンに入れる前に確認して、余分な生地は拭き取ってから焼きはじめましょう。

Q　大きさの違う型で焼きたいのですが……。

A　下記一覧表の分量（プレーンシフォン）を参考にしてください。作り方はP10と同様です。

	卵	きび砂糖	米油	水	米粉（製菓用）	塩	焼き時間
直径14cm型	2個	30g	15g	20g	45g	少々	20分
直径17cm型（本書のレシピ）	4個	60g	30g	40g	90g	ひとつまみ	30分
直径20cm型	7個	105g	50g	70g	160g	ふたつまみ	50分

Q　型に生地が入りきらなかったのですが……。

A　ココット型などに入れて一緒に焼きましょう。

型の大きさはメーカーなどにより多少の差があります。生地は型の8分目くらいを目安にし、余ったらココット型などに入れ、一緒に天板にのせて焼いてください。

Q　2台分一度に焼きたいときは、分量を2倍にすればよいでしょうか？

A　1個分×2の生地を同時進行で作ります。

単純に生地を倍量にしてしまうと、泡立てがうまくできなかったり、混ぜ方が足りなかったりすることがあります。材料を2回分準備して、1工程ずつ交互に、同時進行で作りましょう。焼き時間は様子を見て、足りなければ5分くらい長く焼いてください。

Q　砂糖を減らしたいときはどうすればよいですか？

A　まずは分量通り作ることをおすすめします。

砂糖は甘みをつける以外にも、ふくらみやしっとり感をキープしたり、おいしそうな焼き色をつけるという役割があります。単純に分量を減らしてしまうと、失敗の原因にもなりかねません。本書のレシピはあまり甘みを強くしていませんので、まずは分量通りに作ってみることをおすすめします。それでも砂糖の量が気になるときは、5gくらいずつ減らしてみて、お好みに合った割合を見つけてください。

Q　どのくらい日持ちしますか？

A　冷蔵室で4～5日です。

乾燥やにおい移りを防ぐため、1切れずつラップで包み、ジッパー付き保存袋に入れて冷蔵室へ。4～5日はおいしさが保てます。冷凍も可能。解凍は自然解凍します。ホールのまま冷凍も可能です。

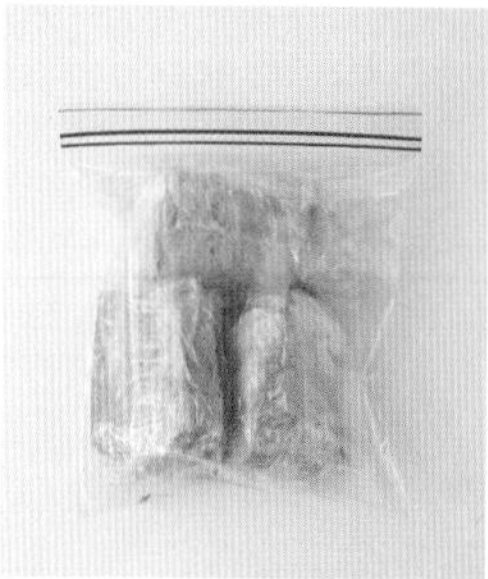

食べきれなかった分は、ラスクにするのも手。薄切りにして、140℃に熱したオーブンで50分ほど、カリカリになるまで焼くと、おいしいラスクに（焼くときに溶かしバターを塗り、グラニュー糖をふるのもおすすめ）。湿気ないように密閉容器などで保存すれば、2週間ほどは日持ちします。

Q　型からうまくはずす方法を教えてください。

A　下記を参考にして、手ではずす方法を試してみてください。

手で縁を押さえて側面を型からはがす。

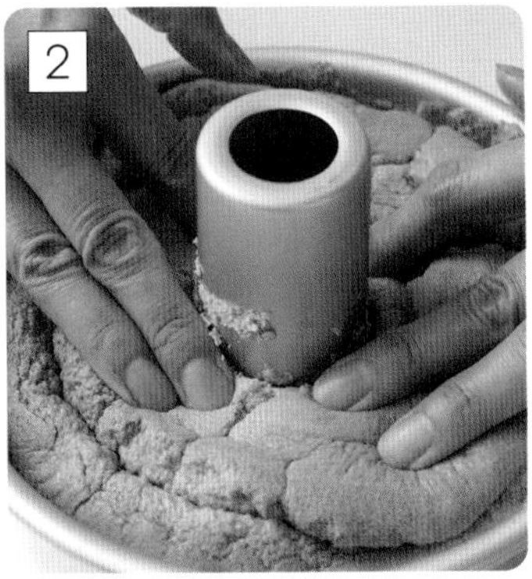

円筒部分も押さえてはがす。

型の側面を押さえ、底板を押し上げる。

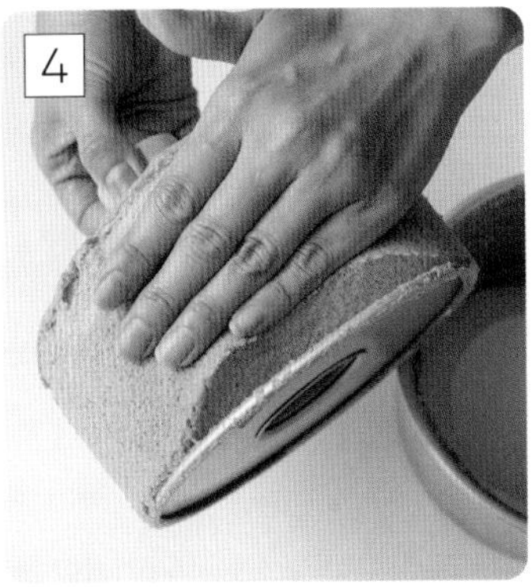

型から抜いて底板の部分を押さえてはがす。

ひっくり返して底板をていねいにはずす。

[　はずれにくいときは……　]

パレットナイフを縁に差し込み、型側に沿わせるように平行に動かしながら1周する。

円筒部分にも同様に差し込んで1周する。

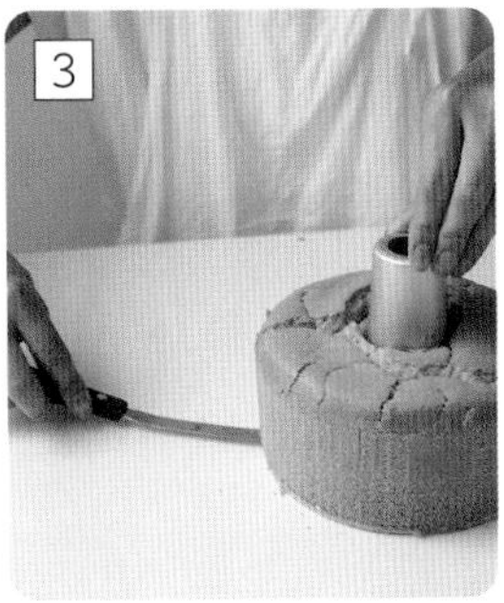

型の側面を押さえ、底板を押し上げて型から抜き、底板に沿ってパレットナイフを入れてはがす。

ひっくり返して底板をていねいにはずす。

VARIOUS CHIFFON CAKES

PART 5

楽しさ広がる

いろいろな形のシフォンケーキ

シフォン生地を、マフィンカップやパウンドケーキ型で焼いたり、天板に広げて焼いてロールケーキにしたり……。形が変わるといろいろな楽しみ方ができます。プレゼントやパーティーにぴったりのアイデアケーキも紹介します。

カップシフォン⇒P82

MUFFIN CUP

マフィンカップで作る

チョコチップカップシフォン
⇒P83

コーヒーカップシフォン
⇒P83

#01 CUP CHIFFON CAKE

カップシフォン

紙カップで焼くミニシフォン。
ホイップクリームと季節のフルーツを
トッピングすれば、ショートケーキ風に。

[材料] 紙のマフィンカップ・6個分

卵…2個
きび砂糖…30g
米油…15g
水…20g
米粉（製菓用）…45g
塩…少々

[下準備]

・卵は卵黄と卵白に分けて、卵白を冷蔵室で冷やす。
・オーブンは180℃に予熱する。

生地はスプーンなどでカップの8分目くらいまでを目安に均等に入れる。

[作り方]

1 ボウルに卵黄を入れて泡立て器で溶きほぐし、砂糖の半量、油、水の順に加え、そのつど混ぜる。米粉を加え、粉っぽさがなくなるまで混ぜる。

2 別のボウルに卵白、塩を入れ、ハンドミキサー（低速）で軽く泡立てる。残りの砂糖の半量を加え、高速に切り替えてしっかり泡立てる。残りの砂糖を加え、しっかりとツノが立つまで泡立てる。低速に切り替えて10秒混ぜ、キメを整える。

3 2の1/3量を1に加え、泡立て器でむらなく混ぜる。残りの2を加え、ゴムべらで底から返すようにしながら、泡をつぶさないように混ぜる。

4 3をマフィンカップに等分に流し入れる（a）。予熱したオーブンで20分焼く。網にのせて完全に冷まし、カップをはずす。
＊P80の写真はホイップクリームとブルーベリーをのせています。

#02 CHOCOLATE CHIP CUP CHIFFON CAKE

チョコチップ カップシフォン

甘すぎないチョコ味シフォン。
生地の最後にチョコチップを
混ぜ込むだけでOK。

［ 材 料 ］ 紙のマフィンカップ・6個分

卵 … 2個
きび砂糖 … 30g
米油 … 15g
水 … 20g
米粉（製菓用）… 45g
塩 … 少々
チョコチップ … 30g

［ 下 準 備 ］

・卵は卵黄と卵白に分けて、卵白を冷蔵室で冷やす。
・オーブンは180℃に予熱する。

［ 作 り 方 ］

カップシフォン（P82）の作り方を参照し、作り方3の最後にチョコチップを加えて作る。

#03 COFFEE CUP CHIFFON CAKE

コーヒー カップシフォン

ふくよかなコーヒーの香りを
閉じ込めた大人味。
コーヒーフレーバーのクリームを添えても。

［ 材 料 ］ 紙のマフィンカップ・6個分

卵 … 2個
きび砂糖 … 30g
米油 … 15g
〈コーヒー液〉
　湯 … 20g
　インスタントコーヒー（顆粒）… 小さじ2
米粉（製菓用）… 45g
塩 … 少々

［ 下 準 備 ］

・卵は卵黄と卵白に分けて、卵白を冷蔵室で冷やす。
・コーヒー液を作る。湯にインスタントコーヒーを加えて溶かし、粗熱を取る。
・オーブンは180℃に予熱する。

［ 作 り 方 ］

カップシフォン（P82）の作り方を参照し、水をコーヒー液に替えて作る。
＊P81の写真はコーヒークリーム（P70参照）をのせています。

FRYING PAN

フライパンで作る

#04　BANANA OMELET

バナナオムレット

ふわふわ生地とクリーム、
フルーツの絶妙なコラボレーション。
やっぱり定番はバナナです。

[材料] 長さ約15cm・3個分

卵…2個
きび砂糖…30g
米油…15g
水…20g
米粉（製菓用）…45g
塩…少々
〈仕上げ〉
- 生クリーム…100g
- きび砂糖…大さじ1/2
- バナナ…2本

[下準備]

- 卵は卵黄と卵白に分けて、卵白を冷蔵室で冷やす。
- オーブンは180°Cに予熱する。
- 生地を冷ましている間に、ボウルに生クリームと砂糖を入れ、底を氷水に当てながら、やわらかいツノが立つまで泡立てる。バナナは皮をむき、斜め薄切りにする。

[作り方]

1. ボウルに卵黄を入れて泡立て器で溶きほぐし、砂糖の半量、油、水の順に加え、そのつど混ぜる。米粉を加え、粉っぽさがなくなるまで混ぜる。
2. 別のボウルに卵白、塩を入れ、ハンドミキサー（低速）で軽く泡立てる。残りの砂糖の半量を加え、高速に切り替えてしっかり泡立てる。残りの砂糖を加え、しっかりとツノが立つまで泡立てる。低速に切り替えて10秒混ぜ、キメを整える。
3. 2の1/3量を1に加え、泡立て器でむらなく混ぜる。残りの2を加え、ゴムべらで底から返すようにしながら、泡をつぶさないように混ぜる。
4. フライパンに油少々（分量外）を薄く塗って弱火で熱し、3の1/3量を流し入れ、楕円形に広げる（a）。ふたをして4～5分焼き、返して2分焼く。残りも同様に焼く。取り出して粗熱を取り、2つ折りにしてラップで包み、完全に冷ます（b）。
5. 泡立てたクリームとバナナを等分にはさむ。

生地をフライパンに流し入れ、短径が15cmほどの楕円形に広げる。

生地が焼けたら、温かいうちに形をつけておくと、クリームなどがはさみやすくなる。

#05　YELLOW PEACH OMELET

黄桃オムレット

バナナを黄桃に替えて
よりジューシーなオムレットに。
ヨーグルト風味のクリームが好相性。

[材料] 長さ約15cm・3個分

卵…2個
きび砂糖…30g
米油…15g
水…20g
米粉（製菓用）…45g
塩…少々
〈仕上げ〉
- ヨーグルトクリーム（P70参照）…半量
- 黄桃（缶詰）…適量

[下準備]

- 卵は卵黄と卵白に分けて、卵白を冷蔵室で冷やす。
- オーブンは180°Cに予熱する。
- 黄桃は食べやすく切る。

[作り方]

バナナオムレット（上記）の作り方1～4と同様に生地を作る。ヨーグルトクリームと黄桃を等分にはさむ。

天板で作る

シフォンロール⇒P88

抹茶あんこロール⇒P89

フルーツロール⇒P89

#06 CHIFFON ROLL CAKE

シフォンロール

天板いっぱいに広げて焼いて、
クリームを塗ってくるり。
思いきって一気に巻くのがコツ。

[材 料] 長さ35cm・1本分

卵…4個
きび砂糖…60g
米油…30g
水…40g
米粉（製菓用）…90g
塩…ひとつまみ
〈仕上げ〉
- 生クリーム…200g
- きび砂糖…大さじ1

[下 準 備]

- 卵は卵黄と卵白に分けて、卵白を冷蔵室で冷やす。
- オーブンは180℃に予熱する。
- 生地を冷ましている間に、ボウルに生クリームと砂糖を入れて、底を氷水に当てながら、やわらかいツノが立つまで泡立てる。

[作 り 方]

1. ボウルに卵黄を入れて泡立て器で溶きほぐし、砂糖の半量、油、水の順に加え、そのつど混ぜる。米粉を加え、粉っぽさがなくなるまで混ぜる。
2. 別のボウルに卵白、塩を入れ、ハンドミキサー（低速）で軽く泡立てる。残りの砂糖の半量を加え、高速に切り替えてしっかり泡立てる。残りの砂糖を加え、しっかりとツノが立つまで泡立てる。低速に切り替えて10秒混ぜ、キメを整える。
3. 2の1/3量を1に加え、泡立て器でむらなく混ぜる。残りの2を加え、ゴムべらで底から返すようにしながら、泡をつぶさないように混ぜる。
4. オーブンシートを敷いた天板（35×25cm）に流し入れ（a）、ゴムべらで表面をならす（b）。10cmほどの高さから落として大きな気泡を抜く（c）。予熱したオーブンで12分焼く。焼き上がったら天板ごと網にのせ、完全に冷ます。
5. オーブンシートをはがし、はがした面を下にして横長に置く。向こう側の生地の端を2cmほど斜めに切り落とし、泡立てたクリームを手前側を多めにして広げ、手前から巻く（d・e）。巻き終わりにシートの上から菜箸などを置き、キュッと押さえて形を整える（f）。シートごとラップで包み、冷蔵室で2時間ほど冷やす。

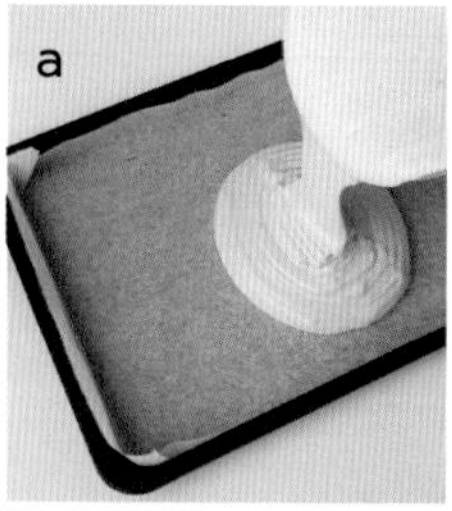

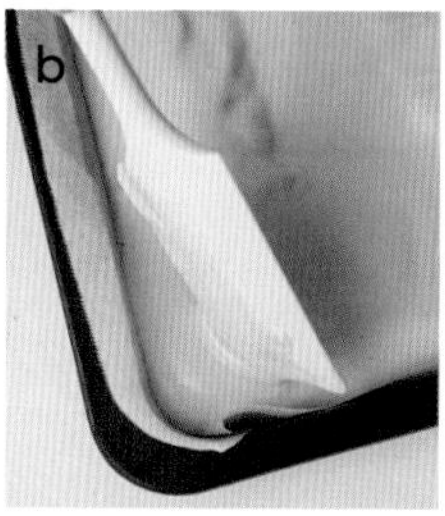

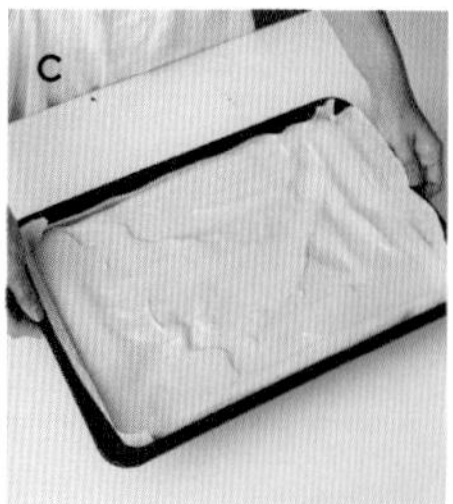

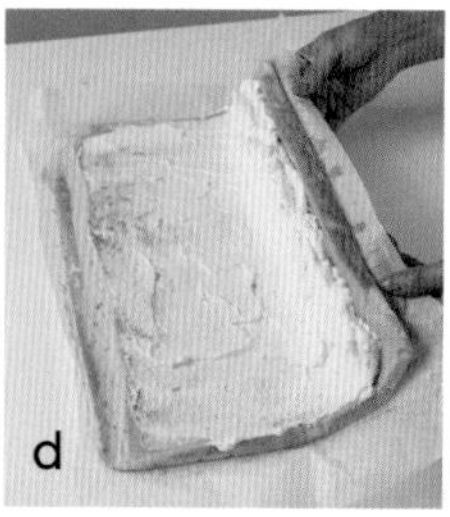

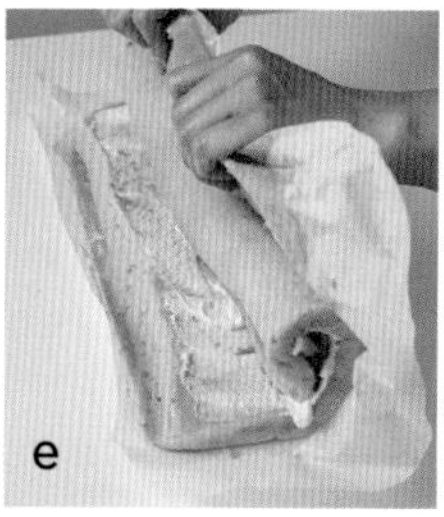

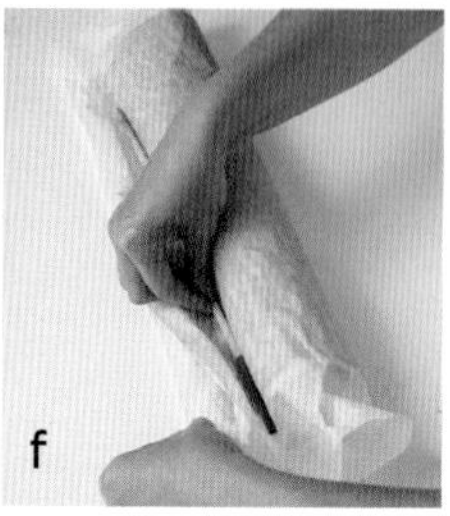

#07 MATCHA & ANKO ROLL CAKE

抹茶あんこロール

抹茶生地にあんこを巻いた
和風ロール。
ほっと落ち着くおいしさです。

[材 料] 長さ35cm・1本分

卵…4個
きび砂糖…60g
米油…30g
水…40g
米粉（製菓用）…90g
抹茶パウダー…8g
塩…ひとつまみ
〈仕上げ〉
こしあん（市販）…250g

[下準備]

・卵は卵黄と卵白に分けて、卵白を冷蔵室で冷やす。
・オーブンは180℃に予熱する。

[作り方]

シフォンロール（P88）の作り方を参照し、米粉を加えた後に抹茶パウダーをふるい入れて混ぜる。泡立てたクリームをこしあんに替えて作る。

#08 FRUIT ROLL CAKE

フルーツロール

季節のフルーツをちりばめた
楽しさいっぱいのケーキ。
おもてなしにもおすすめ。

[材 料] 長さ35cm・1本分

卵…4個
きび砂糖…60g
米油…30g
水…40g
米粉（製菓用）…90g
塩…ひとつまみ
〈仕上げ〉
ヨーグルトクリーム（P70参照）…全量
バナナ…1本
キウイフルーツ…1個
いちご…6個
黄桃（缶詰）…4切れ

[下準備]

・卵は卵黄と卵白に分けて、卵白を冷蔵室で冷やす。
・オーブンは180℃に予熱する。
・フルーツは小さめのひと口大に切る。

[作り方]

シフォンロール（P88）の作り方を参照し、泡立てたクリームをヨーグルトクリームに替え、フルーツを散らして巻いて作る。

#09 STRAWBERRY DOME CAKE

いちごのドームケーキ

ボウルに薄く焼いたシフォンと
クリームを重ねてドーム形に。
簡単なのに華やか。

[材 料] 口径15cmのボウル・1個分

卵…4個
きび砂糖…60g
米油…30g
水…40g
米粉（製菓用）…90g
塩…ひとつまみ
〈仕上げ〉
- いちごジャム…100g
- 生クリーム…200g
- きび砂糖…大さじ1
- いちご…5個

[下準備]

- 卵は卵黄と卵白に分けて、卵白を冷蔵室で冷やす。
- オーブンは180℃に予熱する。
- 生地を冷ましている間に、ボウルに生クリームと砂糖を入れ、底を氷水に当てながら、やわらかいツノが立つまで泡立てる。いちごは縦半分～4等分に切る。

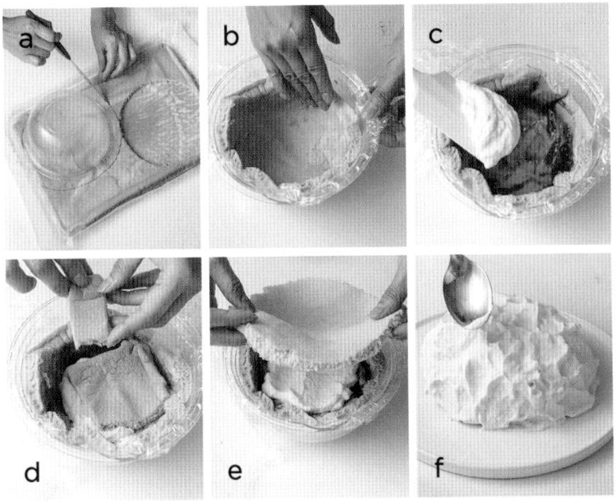

[作り方]

1. ボウルに卵黄を入れて泡立て器で溶きほぐし、砂糖の半量、油、水の順に加え、そのつど混ぜる。米粉を加え、粉っぽさがなくなるまで混ぜる。
2. 別のボウルに卵白、塩を入れ、ハンドミキサー（低速）で軽く泡立てる。残りの砂糖の半量を加え、高速に切り替えてしっかり泡立てる。残りの砂糖を加え、しっかりとツノが立つまで泡立てる。低速に切り替えて10秒混ぜ、キメを整える。
3. 2の1/3量を1に加え、泡立て器でむらなく混ぜる。残りの2を加え、ゴムべらで底から返すようにしながら、泡をつぶさないように混ぜる。
4. オーブンシートを敷いた天板（35×25cm）に流し入れ、ゴムべらで表面をならす。10cmほどの高さから落として大きな気泡を抜く。予熱したオーブンで12分焼く。焼き上がったら天板ごと網にのせ、完全に冷ます。
5. 生地にボウルの口を合わせて1枚、少し大きめの円形を1枚切り抜く（a）。残りの生地は中の層に使う。
6. ボウルにラップを敷き、大きめに切り抜いた生地を敷く（b）。ジャムの半量を塗り、泡立てたクリームの1/4量を加えて広げる（c）。残りの生地の適量を敷き詰め（d）、残りのジャムを塗り、泡立てたクリームの1/4量を加えて広げる。切り抜いたもう1枚の生地をのせ（e）、ひっくり返して器にのせる。
7. 残りのクリームを全体に塗り、スプーンの背で軽く押さえては引いてを繰り返し、模様をつける（f）。いちごをのせる。

＊余った生地はラスク（P76参照）などにアレンジを。

スフレケーキ
⇒P94

POUND CAKE MOLD

パウンドケーキ型で作る

チョコクリームスフレケーキ⇒P95

ティラミス⇒P95

#10　SOUFFLE CAKE

スフレケーキ

基本のシフォンケーキの
材料の分量を減らし、
パウンドケーキ型でコンパクトに。
初心者でも気軽に焼けます。

［ 材 料 ］ 約18×6×6cmのパウンドケーキ型・1台分

卵…2個
きび砂糖…30g
米油…15g
水…20g
米粉（製菓用）…45g
塩…少々

［ 下 準 備 ］

・卵は卵黄と卵白に分けて、卵白を冷蔵室で冷やす。
・オーブンは180℃に予熱する。
・型の底だけにオーブンシートを敷く（a）。

オーブンシートは型の底だけでOK。側面に敷いてしまうと生地が縮む原因に。

［ 作 り 方 ］

[1] ボウルに卵黄を入れて泡立て器で溶きほぐし、砂糖の半量、油、水の順に加え、そのつど混ぜる。米粉を加え、粉っぽさがなくなるまで混ぜる。

[2] 別のボウルに卵白、塩を入れ、ハンドミキサー（低速）で軽く泡立てる。残りの砂糖の半量を加え、高速に切り替えてしっかり泡立てる。残りの砂糖を加え、しっかりとツノが立つまで泡立てる。低速に切り替えて10秒混ぜ、キメを整える。

[3] [2]の1/3量を[1]に加え、泡立て器でむらなく混ぜる。残りの[2]を加え、ゴムべらで底から返すようにしながら、泡をつぶさないように混ぜる。

[4] [3]をパウンドケーキ型に流し入れる。10cmほどの高さから落として、大きな気泡を抜き、竹串で5周ほど混ぜる。予熱したオーブンで20分焼く。焼き上がったら型ごと網にのせ、完全に冷ましてから、手で縁を押さえて型からはずす。

＊P92の写真は、豆乳クリーム（P70参照）を添えています。

#11　CHOCOLATE CREAM SOUFFLE CAKE

チョコクリーム スフレケーキ

あの人気店のケーキを手作りで！
ふわふわ生地にくるみの
カリカリがポイントです。

[材料] 約18×6×6cmのパウンドケーキ型・1台分

卵…2個
きび砂糖…30g
米油…15g
水…20g
米粉（製菓用）…45g
塩…少々
〈仕上げ〉
チョコクリーム（P70参照）…全量
くるみ（ロースト）…30g

[下準備]

- 卵は卵黄と卵白に分けて、卵白を冷蔵室で冷やす。
- オーブンは180℃に予熱する。
- 型の底だけにオーブンシートを敷く。
- 生地を冷ましている間に、チョコクリームを準備する。
- くるみは飾り用を6かけほど取り分け、残りは刻む。

[作り方]

1. スフレケーキ（P94）の作り方を参照して生地を作る。
2. 生地の厚みを3等分に切り、一番下の1枚にチョコクリーム大さじ2を塗り、刻んだくるみの半量を散らす。もう1枚重ねて同様にクリームを塗り、残りのくるみを散らす。残りの生地をのせ、表面全体に残りのチョコクリームを塗り、飾り用のくるみをのせる。

#12　TIRAMISU

ティラミス

スフレ生地ができたら、
イタリアの人気デザート、
ティラミスも簡単に作れます。

[材料] 15cm四方（容量約800mℓ）のガラス容器・1個分

卵…2個
きび砂糖…30g
米油…15g
水…20g
米粉（製菓用）…45g
塩…少々
〈仕上げ〉
豆腐クリーム（P70参照）…全量
〈コーヒーシロップ〉
インスタントコーヒー（顆粒）…大さじ1
熱湯…50g
コーヒーリキュール…大さじ1
ココアパウダー…大さじ1/2

[下準備]

- 卵は卵黄と卵白に分けて、卵白を冷蔵室で冷やす。
- オーブンは180℃に予熱する。
- 型の底だけにオーブンシートを敷く。
- 生地を冷ましている間に、豆腐クリームを準備する。コーヒーシロップの熱湯にインスタントコーヒーを加えて溶かし、リキュールを加えて混ぜ、粗熱を取る。

[作り方]

1. スフレケーキ（P94）の作り方を参照して生地を作る。
2. 生地の厚みを3等分に切り、半量を容器に敷く。シロップの半量をはけでしみ込ませ、豆腐クリームの半量をゴムべらで広げる。同様にもう1段重ね、茶こしでココアパウダーをふる。

高橋ヒロ

米粉専門家・フードコーディネーター・フードコンサルタント。大手旅行会社、IT企業などに勤務のかたわら、フードコーディネーターとして活動を始める。自身の子どものアレルギーをきっかけに米粉の研究を開始。のちに社会における米粉の重要性を認識し、料理の世界に専念。気さくな人柄と作りやすくておいしいレシピが評判となり、現在、米粉のセミナーや講座、企業の商品開発、レシピ提供を中心に活躍中。著書に『米粉100レシピ』（主婦と生活社）、『今日からはじめる米粉レシピ』（ワン・パブリッシング）など多数。
HP:hiro-cafe.com

インスタグラム＠hiro_hirocafe
にて本書のプレーンシフォンケーキの作り方動画を公開中。

米粉だからおいしい！
シフォンケーキの本

著　者　高橋ヒロ
編集人　東田卓郎
発行人　倉次辰男
発行所　株式会社主婦と生活社
〒104-8357　東京都中央区京橋3-5-7
TEL 03-3563-5129（編集部）
TEL 03-3563-5121（販売部）
TEL 03-3563-5125（生産部）
https://www.shufu.co.jp/
製版所　東京カラーフォト・プロセス株式会社
印刷所　共同印刷株式会社
製本所　共同製本株式会社

ISBN978-4-391-16049-9

落丁・乱丁の場合はお取り替えいたします。お買い求めの書店か、小社生産部までお申し出ください。

STAFF

撮影　南雲保夫
デザイン　高橋朱里（マルサンカク）
スタイリング　駒井京子
調理アシスタント　増田かおり、sue、片桐裕香
校閲　K.I.A
取材・文　久保木 薫
編集　上野まどか

食材協力

共立食品株式会社
https://www.kyoritsu-foods.co.jp
TEL 0120-58-5826
※電話受付は月～金曜日9:00～17:00
（土・日・祝日および夏季休業、年末年始などを除く）

撮影協力　UTUWA